Sybil Gräfin Schönfeldt

ANSTAND

SYBIL GRÄFIN SCHÖNFELDT

ANSTAND

Piper
München Zürich

Mehr über unsere Autoren und Bücher:
www.piper.de

FSC
Mix
Produktgruppe aus vorbildlich bewirtschafteten Wäldern und anderen kontrollierten Herkünften

Zert.-Nr. GFA-COC-1223
www.fsc.org
© 1996 Forest Stewardship Council

ISBN 978-3-492-05129-3

Satz: Satz für Satz. Barbara Reischmann, Leutkirch
Druck und Bindung: CPI – Clausen & Bosse, Leck
Printed in Germany

VIELE FRAGEN

Sollen wir, müssen wir über Anstand reden?

»Oh ja«, sagte jeder, den ich fragte, und dann folgte sofort die Begründung. Dabei ging es nicht um die richtige Schuhfarbe zum Flanell oder um den Umgang mit Grillwürstchen, aus der Hand oder mit Messer und Gabel. Ich hörte eine Litanei von Klagen über Kränkungen, Takt- und Rücksichtslosigkeiten, Mobbing, Nichtbeachtung, über das schlechte Benehmen von Radfahrern, Nachbarn und Jugendlichen.

»Was ist nur aus uns geworden?«, fragte einer, und gerade diese Frage ging mir nicht aus dem Kopf. Sie führt, wenn man darüber nachdenkt, zu einer Reihe von anderen Fragen: Wo kommen wir her? Was haben wir erlebt? Was hat uns geprägt? Wo gehen wir hin? Was müssen wir fürchten? Was dürfen wir hoffen?

Die Menschen, die meine Generation erzogen haben, kamen aus dem vorvorigen Jahrhundert. Sie waren in Monarchien aufgewachsen, unter Kaisern und Königen von Gottes Gnaden, erzogen nach den Geboten der christlichen Religion. Sie erlebten und überlebten eine Monarchie, eine Republik, eine Gewaltherrschaft, zwei Weltkriege, eine Inflation, zwei Geldentwertungen und ein geteiltes Vaterland.

Die Kinder meines Jahrgangs, 1927, und ich kamen 1933 in die Schule. Ich erlebte und überlebte Großeltern, die in der Monarchie zur Schule und in die Kadettenanstalt gegangen waren, Lehrerinnen, die Monarchistinnen, und Lehrer, die Nationalsozialisten waren, machte Erfahrungen mit Erwachsenen, die unter dem Nationalsozialismus litten, und anderen, die an ihn glaubten und in diesem Glauben Diebstahl und Lüge und Mord und Gewalt und jegliches andere Unrecht für rechtens erklärten.

Wo kommen wir her? Was hat uns geprägt, wo gehen wir hin? Was dürfen wir hoffen?

WANDEL DES ANSTANDS

Am 9. November 1944 stand ich morgens um vier Uhr mit den meisten meiner Klassenkameradinnen auf dem verdunkelten Bahnsteig. Wir warteten auf den Zug, der uns zum Einsatz im Reichsarbeitsdienst bringen sollte, mich nach Oberschlesien, der sich zurückziehenden deutschen und der vorrückenden russischen Front entgegen.

Wir waren in Begleitung derer, die in den jeweiligen Familien zu Hause noch vorhanden waren. Wir froren, und von Zeit zu Zeit sagte jemand diese Sätze, die man sagt, wenn man auf Bahnsteigen steht und wartet.

Meine Großmutter aber sagte: »Was auch geschieht, bleibt anständig!«, und mein Großvater sagte: »Du trägst jetzt die Uniform, du bist ein Soldat, und ein Soldat harrt dort aus, wohin die Pflicht einen stellt.«

Ich verstand beide. Das war ihr Programm, das sittliche und das moralische. Ich war bei diesen beiden alten Leuten aufgewachsen, seitdem ich in die Schule ging. Ich hatte oft genug nicht gesagt bekommen, sondern erlebt, was beides für sie bedeutete und auf welche Art und Weise sie anständig gelebt und ihre Pflicht erfüllt hatten.

Sie stammten aus einer anderen Zeit und Welt, und da ich zu ihnen gehörte, waren ihre Ordnungsformen auch die meinen – nicht weil sie es gefordert, sondern weil sie es mir und anderen vorgelebt hatten. Mein Großvater war kaiserlicher Gardeoffizier gewesen, Kavallerist, hatte auf dem Gut seiner Eltern in Mecklenburg Pferde gezüchtet und Rennen geritten. Er war der redlichste, aufrichtigste Mensch, den ich kannte. Er sagte manchmal, was er dachte, und dann rief meine Großmutter entsetzt: »Aber Elli! Wie kannst du nur so taktlos sein!«

Er hatte auch, als unten in der Stadt die Schaufensterscheiben der jüdischen Geschäfte in Scherben fielen, laut und unmissverständlich gesagt, was er von den Nazis hielt und dass sie eine Schande seien für die Stadt und das Land, und er wäre dafür fast ins Konzentrationslager gekommen. Meine Großmutter hatte ihn gerettet.

Sie war klein und lebhaft, konnte jede Rolle spielen, die sie für nötig hielt, log mit dem liebenswürdigsten Gesicht der Welt, wenn ihr eine Sache zu langweilig war und sie schneller ans Ziel kommen wollte, und sie besaß die dafür unentbehrliche Gabe, alle Menschen zu bezaubern.

Mein Großvater hätte sich eher verhaften lassen, als zu widerrufen, und er war fest davon überzeugt, dass ihm nichts geschehen konnte, weil er auf der Seite der Wahrheit und der Gerechtigkeit stand.

Später ist mir klar geworden, dass er auf Hitler, wie einst auf den Kaiser, vertraute. Er hätte sich nicht vorstellen können, dass sein oberster Kriegsherr, auf den er den Eid geschworen hatte, ein Verbrecher war. Kaiser und König von Gottes Gnaden – das muss ein so starker Glanz gewesen sein, dass er noch Jahrzehnte danach blendete. Und dass mein Großvater, inmitten der Katastrophe, in mir nicht die Person sah, sondern nur den Soldaten, den durch Eid Verpflichteten. Ich verstand ihn, und ich verstand erst recht meine Großmutter.

Für sie, die protestantische Pastorentochter, war Anstand eine praktische Ergänzung der zehn Gebote. Sie ahnte nicht, wie die Nazis gerade diesen Begriff für sich vereinnahmt und zerstört hatten. Anstand hatte der Reichsführer SS, Heinrich Himmler, bei der Durchführung des Judenmords von seinen Offizieren gefordert. Der Anständigkeit rühmten sich die Ärzte und Juristen, die in dieser Zeit nicht jeden mörderischen Befehl ausgeführt hatten. Für die alte Frau und sicher nicht nur für sie allein aber war Anstand noch das, als was er vor 1933 gegolten hatte, und wenn sie Anstand forderte, wusste ich, was sie meinte. Am strengsten ahndete sie das Lügen, denn ihr eigenes Lügen nannte sie Schwindeln, und man schwindelte nur für andere. Wer zu seinem eigenen Vorteil schwindelte, der log, und das war zutiefst verwerflich.

Anstand war also die Idealform des Alltagsverhaltens, und dazu gehörten Sätze, die nichts mit Sitte und Moral zu tun zu haben schienen, aber sehr viel mit Haltung, und Haltung gehört wie ein drittes Kleeblatt zu Sitte und Moral. Meine Großmutter sagte also: »Sitz gerade! Kankel nicht herum! Hast du ein sauberes Taschentuch? Bohr nicht in der Nase! Red nicht dazwischen, wenn wir uns unterhalten! Kinder reden erst, wenn sie etwas gefragt werden! Stell dich nicht so an! Stütz beim Essen nicht die Ellbogen auf den Tisch! Reiß dich zusammen und jammere nicht! Zeig mal deine Fingernägel! Fläz dich nicht so in den Sessel!«

DER ALLTAG UND SEINE PFLICHTEN

Zum »Stell dich nicht so an« gehörte das, was gar nicht ausgesprochen werden musste: die Erfüllung der Alltagspflichten, die vom Aufräumen bis zum Parkettbohnern und Silberputzen reichten; und wenn die große Wäsche stattfand, so ging's am Vorabend ans Einweichen, und morgens vor der

Schule, wenn der Waschkessel schon angeheizt war und die Waschfrau bereits spülte und auswrang, war noch diese oder jene schnelle Hilfe zu leisten: »Kannst du uns noch ein bisschen Wasser aus der Zisterne pumpen? Kannst du noch einmal nachsehen, ob wir auch alles hier unten haben?« Und wenn die Schule aus war, kam das zusätzliche Paar Hände gerade recht fürs letzte Spülen und Aufhängen, und dann gab's die Waschtagserbsensuppe, und die Waschfrau erzählte die besten Geschichten von ihrer übrigen Kundschaft und – wenn die Großmutter nicht zuhörte – auf was ich achten müsste, wenn ich erst einmal einen Kerl hätte. Weisheiten aus dem Waschkeller.

Von meiner kleinen Großmutter dagegen lernte ich, wie man aus einer Pflicht ein Vergnügen macht. Oder wie man den Tugenden Fleiß und Sauberkeit den säuerlichen Geruch der Selbstgefälligkeit nimmt. Sie wusste, dass meine Schulfreundinnen und ich an den Zeugnistagen alle miteinander von einem zum anderen liefen, um vom Lob abzubekommen und im anderen Fall zu trösten und zu beteuern, dass es nur am Lehrer läge, dass ... So stießen wir auf meine Großmutter, die im Salon vor ihrem geliebten goldenen Glasschrank stand, der voll von Porzellanfigürchen, Tassen und Kannen und Zuckerdosen, Schnupftabaksdosen und anderem Krimskrams war und einmal im Jahr, just heute, gründlich gesäubert und entstaubt werden musste. »Ach«, sagte sie und gab eine kurze, herrliche Szene der aus allen Wolken gefallenen Großmutter, »wenn du ein so gutes Zeugnis hast, dann darfst du mir beim Schrank hier helfen!« Und dann schaute sie die anderen Mädchen streng und prüfend an und sagte zögernd: »Also, wenn ihr ganz vorsichtig seid …«, und schon hatten alle Schürzen aus dem vorigen Jahrhundert um, Tischplatten wurden mit alten Badelaken zugedeckt, laues Seifenwasser in einer Emailschüssel zu schwachem Schaum geschlagen, Staubtücher und Lappen mit Holzpolitur verteilt, und die Sonne schien zur offenen Balkontür herein, alle waren glücklich, der Schrank war im Nu wieder eingeräumt, und dann gab's auf jeden Fall Saft, aber vermutlich einen selbst gebackenen Kuchen.

Meine Großmutter redete gern, auch über andere Leute, über ihre Freundinnen, Nachbarn, Geschäftsleute, und sie schätzte sie nach ihrem Benehmen ein, sodass Lob und Tadel genau herauszulesen waren: Sie ist pünktlich. Er hält sein Versprechen. Er ist knauserig. Der kann man nichts erzählen – gleich weiß es die ganze Stadt. So eine hochmütige Gans! Die gibt alles für Kleider aus.

Fast am strengsten verurteilte sie diejenigen, die sich weder ordentlich bedankten noch freimütig einen Fehler eingestanden.

»Man muss lernen, nein zu sagen! Sonst gerätst du immer in die Klemme. Und man muss um Entschuldigung bitten! Anständig! Nicht so hingenuschelt: ›Tut mir leid!‹ Das will ich niemals von dir hören! So leicht kommst du mir nicht davon!«

Dass ein gesitteter Mensch Bitte und Danke sagt, war ihr so selbstverständlich, dass sie es eigentlich nie erwähnte, sie setzte höchstens ihre strenge Miene auf, wenn der Bittende gar nicht abwartete, ob ihm die Bitte erfüllt würde. »Das ist nicht nur ein Wort!«, sagte sie, »wer um Erlaubnis bittet, muss damit rechnen, dass sie ihm nicht gewährt wird, und darf dann nicht beleidigt sein!«

LEBENDIGES BEISPIEL

Mein Großvater sagte nie sehr viel, vor allem nie etwas über andere. Aber das Beispiel seiner Haltung prägte sich mir tief ein. Ihm war auch die Pünktlichkeit wichtig: nicht nur rechtzeitig kommen und gehen, sondern eine Arbeit pünktlich erledigen. Nicht bummeln. Die Zeit deines Lebens nutzen. Nicht jammern. Wenn etwas beklagenswert ist, versucht man es zu ändern. Falls das unmöglich ist, erträgt man es ohne weitere Worte. Nichts tun, was du bereuen müsstest. Gewissen und Ehre, das war ihm ein Paar wie Aufrichtigkeit und Mut.

Und dann der Satz: »... dich nie bestechen lassen ...«, obwohl er auf die perfideste Art und Weise bestochen wurde. Er oder vielmehr seine Eltern hatten für ihn, den jungen Offizier, eine Kaution in Goldmark hinterlegen müssen, eine nicht unbeträchtliche Summe, deren Zinsen für seine Pension hätten sorgen sollen. Das Geld wurde wahrscheinlich für die Kanonen des Ersten Weltkriegs verwendet, auf jeden Fall war die Pension meines Großvaters und aller anderen exkaiserlichen Offiziere nach 1918/19 eher kümmerlich, aber da sich alle einschränken mussten, blieben sie eine konforme Gesellschaft und ertrugen die Knappheit mit Haltung und Nonchalance.

Dann ein Tag mitten im Sommer: Ich sehe noch den alten Mann, der, Monokel im Auge, mit einem Brief in der Hand dastand, mit der anderen auf das Papier schlug und erregt sagte: »Also dieser Kerl! Hat doch Hochachtung für uns alte Offiziere! Hätt ich dem Gefreiten gar nicht zugetraut! Aber hier: schreibt mir voll Anerkennung –« ... Da hatte Hitler die magere Pension, sicher aller anderen kaiserlichen Offiziere auch, um hundert Mark erhöht.

Das muss um 1934 oder 1935 gewesen sein. Noch lebten die jüdischen Freunde neben uns, noch wurden diejenigen belächelt, die sagten: »Hitler bedeutet Krieg!« Noch freuten sich mein Großvater und meine Großmutter über diese Anerkennung mehr als über das Geld, und ich habe erst, als ich erwachsen geworden war, begriffen, auf welche kalte und verächtliche Art die alten Leute betrogen und bestochen worden waren. Mit hundert Mark pro Person. Ich war damals sieben oder acht Jahre alt, aber ich erinnere mich an die reine Freude, den unschuldigen Stolz. Heute frage ich mich: Hegte keiner Zweifel? Hat keiner gemerkt, dass sie alle mit dem lumpigen Geld vernebelt, zum Schweigen gebracht, zu Kameraden von Mördern gemacht worden waren?

Mein Großvater hätte vermutlich jeden Zweifel

in der Überzeugung verscheucht, dass jener, den er, wenn auch widerwillig, als Nachfolger des Kaisers sah, zu keiner ehrlosen Handlung fähig sei.

Ich weiß nicht, was er von ebendiesem Kaiser gehalten hatte, der auch nicht gerade ein leuchtendes Vorbild gewesen war, sondern am Ende auch feige und treulos, aber ich weiß, dass mein Großvater nie gegen seine sittliche Überzeugung auf seinen Vorteil bedacht gewesen wäre. Er ist mir später unbewusst ein Vorbild gewesen, als ich mich als Journalistin weigerte, Dinge zu schreiben, die gegen die Wahrheit waren, aber ein sehr viel besseres Honorar gebracht hätten.

Wir Kinder lernten. Wir sahen damals noch dieses andere, das über die persönliche Anständigkeit hinausging: das unerschütterliche Gefühl, für diejenigen verantwortlich zu sein, die von einem abhingen und für einen arbeiteten. »Für meine Leute«, auch wenn es kein Regiment, kein Gut, kein Schloss, keinen Wald und keine Jagd mehr gab. Mein Großvater, seit dem Ende des Ersten Weltkrieges kein aktiver Offizier mehr, nun selbst auf der Suche nach einer Arbeit, die seine klägliche Pension hätte aufbessern können, sorgte weiter dafür, dass seine ehemaligen Leute irgendwo unterkamen, sorgte dafür, dass die Tochter seines Burschen in eine anständige Schule kam.

Meine Großtante, ehemalige Rot-Kreuz-Schwester, wusste genau, wer in der kleinen Ortschaft an was litt und wie sie der Gemeindeschwester helfen konnte, und wenn es nur eine Nachtwache war. Auf ihrem Herd stand hinten, wie mir vorkam, immer ein Suppentopf für die Bettler, die bei ihr schellten, und wenn einer sagte: »Ach, Schwesterchen, hätten Sie nicht einen Groschen für einen armen alten Mann!«, dann antwortete sie: »Ich weiß genau, dass der nur versoffen wird! Aber wenn's ums Geld geht – da drüben ist die Gärtnerei, die suchen grad wen fürs Erbsenpflücken!«

In den Jahren meiner Kindheit ging man nicht auswärts essen, aber wenn es doch einmal bei seltenen unvergesslichen Gelegenheiten geschah, war das Trinkgeld anständig bemessen. Sparsamkeit ja, aber keine kleinliche Knauserigkeit, und darin steckte auch dies: »Gib gern! Sei dankbar, dass du geben kannst!«

Vielleicht auch: Sieh von dir ab. Nimm dich nicht so wichtig, lass dir nicht den Blick auf die anderen durch dich selbst verstellen.

REDENSARTEN UND SPRACHE

Und wenn man das schafft, dann kann man alles. Man »vergibt sich nichts«, wenn man anderen hilft, und sei es die niedrigste Arbeit, fragt nicht »Hab ich das denn nötig?« oder »Wie komm ich denn dazu?«, sondern, wie Elly Heuss-Knapp einmal gesagt hat: »Hebt auf, was Gott einem vor die Tür legt.«

Aber das alles war vor dem Krieg. 1933 kam ich

in die Schule, und ich erschrecke heute, wenn ich eine Fibel aus der damaligen Zeit in die Hand bekomme. »H, h, ha ha, Hans, heil, Heil«, und dann nur einmal umblättern, »Hans sagt: Heil Hitler«. Wort für Wort, Schritt für Schritt.

Wir spotteten im Lauf der Lyzeumsjahre über »Blut und Boden« und sangen nach der Melodie von »Frère Jacques« mit »Erbhof, Erbhof, viele Kinder, viele Kinder …« die Propagandawörter. Wenn unser Geschichtslehrer fragte: »Ihr wollt doch deutsche Mütter werden?«, riefen wir im Chor: »Nein!«, aber unsere Sprache verkam. Sie verkam, je mehr wir uns in der Pubertät voll Wonne in den wahnhaften Überschwang warfen, der uns vorgegeben wurde, in eine Art alltägliche Begeisterung, immer hochgehalten durch die Lieder, die wir in der Schule und im Dienst, also zwei- oder dreimal in der Woche, singen mussten. Dumpfe, verlogene Texte voll Treue und Opfer und Tod und Vaterland und Helden und Kampf und Kameradschaft, mit großem psychologischen Geschick übertönt von Lieblichem: »Es geht eine helle Flöte …« Und von Sentimentalem: »Hohe Nacht der klaren Sterne …«

Mein Jahrgang, meine Lyzeumsklasse hatte im Herbst 1944 angefangen, das Abitur zu machen. Mitten im Drei- oder Fünf-Kilometerlauf des Turnabiturs brüllte Joseph Goebbels in der Berliner Sporthalle »Wollt ihr den totalen Krieg?«, und weil ihn alle gewollt hatten, wurden wir vorzeitig zum Reichsarbeitsdienst eingezogen.

So kam's, dass ich am 9. November 1944 morgens

um vier Uhr mit den Großeltern auf dem Bahnhof stand. Ziel: ein RAD-Lager.

Reichsarbeitsdienst bedeutete: praktische Arbeit beim Bauern, davor, danach und dazwischen aber politische Schulung, das Singen der seit der Zeit im BDM, Bund Deutscher Mädel, bekannten Lieder von Blut und Tod und Birken, die sich im Winde wiegen, auch: Aufsätze schreiben, zum Beispiel den letzten Artikel von Joseph Goebbels im »Reich« nacherzählen. Das flutschte nur so, denn dieser Autor war kinderleicht zu kopieren. Er reihte nur ein Schlagwort ans andere, und es machte Spaß, seinen vollkommen sinnleeren Bombast durch eigenen infantilen Schwulst noch zu übertrumpfen, meist nach dem Motto »Wir werden siegen, weil wir siegen müssen.«

NEUE WELT – NEUE REGELN

Das waren die letzten Duschen aus Nazipropaganda-Deutsch. Die russischen Kanonen waren jeden Tag und jede Nacht deutlich zu hören, und irgendwann bekam unser Lager den Marschbefehl zur Frontbegradigung, wie die Flucht nach Westen genannt wurde. Wochen später landete ich bei einer verwitweten Freundin meiner Großmutter, musste den ganzen Sommer lang warten, bis ich von der Besatzungsmacht, den Amerikanern, die Papiere zur Heimwanderung bekam und las, wegen ständiger Stromsperre, an den langen, hellen Abenden draußen auf der Wiese das, was ein Freund des Hauses, Norbert v. Hellingrath, vor dem Ersten Weltkrieg über Hölderlin geschrieben und was seitdem in einem Archivschrank gelegen hatte. Hellingrath, im Dezember 1916 vor Verdun gefallen, hatte bis 1914 die erste kritische Ausgabe des Hölderlin-Nachlasses herausgegeben, und ich las und las: »Wohin denn ich?« und »Warum schläft denn / nimmer nur mir in der Brust der Stachel?« und ich begann zu begreifen, was es mit der Sprache, diesem Spiegel der Wahrheit, auf sich hat und was mit mir in den vergangenen Jahren geschehen war.

Und dann fuhr ich heim. Fuhr?

Damals, als die Trümmer der Städte noch bis in den Herbst hinein zu rauchen schienen, es war aber nur der Staub von Holz und Stein und Hab und Gut, als es noch keine Post, kein Telefon, kaum Eisenbahnverbindungen, keine Zeitungen, nur manchmal Radio gab, als überall Menschen dorthin wanderten, wo sie einmal zu Hause gewesen waren, und dann weiterwanderten, wenn es dort nichts und niemanden mehr gab, als einer der strahlendsten Sommer nicht enden wollte und der Himmel wieder leer und blau und heiter über Wald und Wiesen, Bach und Bergen stand, sodass die unzerstörbare Schönheit der Welt einem das Herz zerriss – damals half jeder jedem. Wenn ein Leiterwagen hielt, auf dessen leerer Fläche schon zwei Soldaten hockten, und der Bauer auf meine Frage: »Nach

Norden?« genickt hatte, reichte mir einer die Hand und sagte: »Na denn mal hopp, Arbeitsmaid!«

Wenn man irgendwo mitten in Deutschland am Straßenrand saß und sich die Schnürstiefel ausgezogen hatte, um sich die müden Füße im Bach zu kühlen, und wenn dann eine Bauersfrau mit zwei Backblechen mit Hefekuchen vorbeikam, bot sie einem ein Stück an. Sie hatte ja genug, weil in diesem Sommer noch kein Warenverkehr stattfand. Sie konnten alles selber aufessen, und die Frau dachte sicher: Wenn ich der Arbeitsmaid etwas gebe – vielleicht wird meinem Mann, der als Soldat wer weiß wo gelandet ist, auch aus freundlichem Herzen gegeben.

Wenn man jemandem sagte: »Pass mal einen Moment auf meinen Rucksack auf!«, so konnte man darauf vertrauen, dass das auch getreulich geschah. Und wenn man irgendwo wartete, weil man schon von ferne einen Kohlenzug heranrasseln hörte, halfen alle einander, in die offenen Waggons zu klettern, griffen zu, stemmten, zogen das Gepäck nach, scharrten sich dann Kuhlen in die Kohlenladung und rollten sich so gut wie möglich dicht aneinander. Denn diesen unerlaubten Transport konnte man nur nachts wagen, und die Nächte waren kalt, so langsam der Zug auch über die Schienen klapperte und quietschte. Und dann am nächsten Morgen, auf irgendeinem zerschossenen Bahnsteig irgendeiner zerbombten Stadt der Ruf: »Raus, raus! Runter!« Keiner fragte warum, alle krochen über die Kohle zum Rand des Waggons, dachten vielleicht: Wie bin ich da bloß raufgekommen?, aber wieder half einer dem anderen, sich hinunterzuhangeln, und dann standen wir auf dem Bahnsteig, in der hellen Morgensonne, und jeder lachte und zeigte mit dem Zeigefinger auf den anderen und rief: »Mein Gott, wie Sie aussehen! Wenn Sie sich sehen könnten!« Das war gar nicht nötig. Jeder war das Spiegelbild aller anderen: schwarz verschmierte Gesichter, vor Kohlenstaub glitzernde Haare, schwarz verstaubte Mäntel.

Eine schwarze Gesellschaft, eine einzige Gruppe des Flüchtlingsstroms, der sich durchs Land wälzte. Eine kleine schwarze Gruppe von Menschen, die ein paar Tage und Nächte lang geteilt hatten, was sie noch besaßen, die letzte Dose Ölsardinen und die einzige kratzige Wolldecke aus Heeresbeständen, die sich gegenseitig beschützt und sich für alle verantwortlich gefühlt hatten. Die nachts unterm Sternenzelt in der anonymen Dunkelheit darüber geredet und geredet und geredet hatten: Was sie gerade eben noch erlebt hatten. Was der Krieg mit ihnen und aus ihnen gemacht hatte. Wer sie gewesen waren, und wer sie jetzt wohl sein würden. Was sie gesehen und hatten geschehen lassen. Was sie erlitten, was sie verschuldet hatten. Nachtgespräche zwischen den Zeiten. Losgelöst und noch nicht wieder gebunden. Frei, sich neue Regeln zu geben, Regeln, die sich aus dem ergaben, worüber wir sprachen.

Eine kleine kohlschwarze Gesellschaft, die den Umständen entsprechend neue Umgangsformen entwickelt hatte. Hilfsbereitschaft. Geduld. Aufrichtigkeit. Die Fähigkeit, über sich selbst zu lachen. Rückhaltlose Offenheit, Ehrlichkeit.

DAS JAHR NULL UND DIE ATEMPAUSE

Aber das währte nur einen Moment in unserer Geschichte, nur ein paar kurze, seltsam unschuldige Sommer- und Herbstwochen. Das ließ vielleicht besonders uns Junge glauben, 1945 wäre das Jahr Null, man könne alles neu und besser anfangen. Wir wussten nicht, wer sich damals, in diesem Sommer, schon nicht mehr scheute, seinen alten Amtssessel wieder zurechtzurücken. Wir merkten nur: Irgendwann musste man selber auf seinen Rucksack aufpassen. Irgendwann wurde wieder geklaut. Irgendwann wurde von der Vergangenheit anders erzählt. Irgendwann war der in allem Dreck und klebrigen Kohlenstaub glückliche Augenblick der kleinen schwarzen Gesellschaft vorbei. Eine Konvention, eine Übereinkunft aller über die Regeln des Umgangs miteinander hatte sich wieder aufgelöst, konnte nicht bestehen vor den Anforderungen der größeren Gesellschaft.

Ist es also eine Frage der Größe, ob Anstand und Moral, gleichgültig welcher Art, beachtet werden?

Wir bewegten uns damals nicht nur in den Trümmern von Häusern und Kirchen und Fabriken, sondern auch in denen der moralischen Prinzipien zweier Epochen, denn Kaiserzeit oder christliches Abendland und Nationalsozialismus hatten sich in einem geähnelt: Die Menschen waren sich einig. Sie akzeptierten mehr oder weniger die Grundprinzipien des jeweiligen Systems. Also musste man gar nicht darüber debattieren. Man konnte sich darauf verlassen. Man konnte sich darauf verlassen, dass sich alle anderen auch darauf verließen und sie genauso achteten wie man selber, vielleicht bis zum Äußersten befolgten. Die Prinzipien jener Zeit blieben, und sie blieben wirksam, selbst wenn ein Vater oder ein König sich »daneben« benahm. Darin lag auch die Chance für Vater und König, sich stillschweigend wieder aus der Neben- in die Normalposition zurückzuschleichen. Das Gebäude wurde dadurch nicht erschüttert, fast im Gegenteil. Denn wenn eine so feste Konvention, also eine Übereinkunft aller, besteht, sind auch die Irren und Wirren eingearbeitet, als Ventil, als Sollbruchstellen.

Dazu kommt das, was ich an dem kleinen Ort meiner ersten Lebensjahre miterlebt hatte. Jeder kannte jeden. Jeder korrigierte jeden. Unsere Kinderstreiche waren milde, aber wenn wir erwischt wurden, gab es keinen großen Aufstand, kein Weltgericht, sondern ein »Ei, Sybilsche, des gehört sisch aber net!«

Diese informellen Normen wurden irgendwie als selbstverständlich empfunden. Sie wurden nicht schriftlich festgelegt oder eingedrillt. Sie ergaben sich aus christlichem Gewissen und sozialen Bedingungen. Sie bestanden neben oder unterhalb der staatlichen Vorschriften und Prinzipien, aber sie funktionierten besser, und ohne sie kommt vermutlich keine *res publica* aus. Der Nationalsozialismus hatte sich dieses Systems bedient, aber da er es mit mörderischen Inhalten füllte, ging es vor unseren Augen zuschanden. Die Übereinkunft aller löste sich auf, war in diesen herzzerreißend schönen Sommertagen des Jahres 1945 einfach weg, und keiner wusste, was nun. Und weil es noch lange keine Nachrichten und Verbindungssysteme gab, wusste auch keiner von den anderen, die vor Kurzem noch pauschal Volksgenossen geheißen hatten. Auch das war vorbei, die sogenannte Volksgemeinschaft hatte sich aufgelöst. Wir waren wieder Einzelmenschen, handelten allein für uns, ob es die Moral oder das Überleben betraf. Wir waren da, wo wir waren, und versuchten, jeden Tag ein Stückchen weiter heimzugelangen.

Und dann, wirklich daheim, nach Übergangsabitur und einem eiseskalten Winter ohne Holz und Kohle die Vorlesung von Nicolai Hartmann über »Ethik«; das ist die Sittenlehre, die Moralwissenschaft, die Wissenschaft vom Sittlichen, von dem, was gut ist oder nicht gut.

Die Vorlesung fand in Göttingen statt. Göttingen war unzerstört. Die Stadt lag in der britischen Besatzungszone, war die alte Universität der Könige von England und Hannover, und in Aula, Hörsäle und Seminare zogen die britischen Soldaten, um ihre Übergangs-Semester zu absolvieren. Die Vorlesungen für die heimkehrenden deutschen Soldaten und Studenten fanden dort statt, wo noch Platz war. Die Ethik-Vorlesung zum Beispiel in der Mineralogie. Der Hörsaal war so voll, dass man auf Fensterbänken und Treppenstufen und zu Füßen der Tafel sitzen musste, auf die Nicolai Hartmann seine Diagramme zeichnete, die Symbole vom Ding an sich und der Relativität aller Werte, von der Skala dieser Werte, die sich wie ein Himmelsbogen über die Welt spannt und zeigt, wie die Werte gleich den Sternen auf- und untergingen.

Und ich? Und wir? Welcher Stern stand über uns? In den ersten Reihen saßen die Verwundeten, ein leerer Ärmel mit der Sicherheitsnadel an der feldgrauen Jacke festgesteckt. Oder die blindgeschossenen Augen ins Leere gerichtet, eine Hand auf der Schulter der Krankenschwester oder der Frau, die für die Blinden mitschrieb, denn Bücher oder Skripten gab es noch nicht. Ich begriff, welche Barbaren wir geworden waren, welche fragwürdigen, deformierten Werte uns als Normalgut empfohlen worden waren. Aber ich empfand gleichzeitig zutiefst, dass der Mensch nicht aus der Negierung des Vergangenen leben kann.

Er braucht eine Basis, er muss wissen, auf welche zuverlässigen Werte er seine Existenz gründen kann. Die gibt es nicht, zitierte Nicolai Hartmann den vielleicht berühmtesten Philosophen des absoluten Idealismus, Georg Wilhelm Friedrich Hegel: »Jede Zeit hat ihre Werte.« Alles wandelt sich. Auch das, was man als Moral und Anstand bezeichnet? Das konnte nicht sein. Der Krieg, die Trümmer, die Konzentrationslager, das war doch vorbei. Hier, in dieser Stadt, in der ein schmächtiger kleiner Herr im schwarzen Anzug und tadellos weißem Hemd mit leiser Stimme über die Gesetze von Gut und Böse, Sollen und Wollen, den Zwang zur Wahl und die Unmöglichkeit des freien Willens sprach, in dieser Stadt, in der die Kränzchenschwestern meiner Großmutter sich wie eh und je zum Nachmittagskaffee einluden, wenn dieser Kaffee auch dünn und der Kuchen ohne Ei und ohne Fett gebacken worden war, hier hatte sich doch nichts geändert. Kleine Mädchen machten vor meiner Großmutter einen Knicks, die Putzfrau sagte »Frau Major« zu ihr; mein Großvater fand es unmöglich, dass mich einer meiner Freunde mit seinem Hund abholte; und die alte Nachbarin, eine Professorenwitwe, saß auf ihrem Balkon, hatte uns alle im Auge und rief uns von oben herab zu, wie wir uns zu benehmen hatten.

Aber in Wirklichkeit hatte sich schon alles geändert, auch durch uns. Wir waren von draußen heimgekommen. Wir hatten gesehen und erlebt, was uns zutiefst verändert hatte. Und die Lebensumstände änderten sich und uns. Im Alltag herrschte in diesen ersten Wochen und Monaten nach Kriegsende eine seltsame Spannung, erst der Augenblick des Stillstands, des Atemholens, des Entzückens über die unvorstellbare Freiheit von Drill und Angst und Zwang, später dann eine Art Faustrecht.

FRINGSEN UND SCHWARZMARKT

Es gab nichts. Es konnte noch nichts hergestellt, nichts importiert werden, die Rationen unserer Lebensmittelkarten sanken auf das absolute Minimum, die Hilfen von internationalen Organisationen und von den Besatzungsmächten wurden erst geplant. Es wurde getauscht, der Schwarzmarkt blühte, die Leute aus den UNRRA-Lagern, der *United Nations Relief and Rehabilitation Administration*, boten für eine Brillantbrosche ein Schwarz- und ein Weißbrot, und im Ruhrgebiet wurden die Kohlenzüge überfallen, zumindest von Kindern und verhungerten Erwachsenen begleitet, die jeden heruntergefallenen oder von kühnen Aufspringern hinuntergeschaufelten Kohlenbrocken in Säcke steckten und abschleppten.

»Das ist«, verkündete der Kölner Kardinal Frings, »kein Diebstahl!« Also nannte man diese Art des Klauens fringsen. Recht und Ordnung waren offiziell aufgehoben.

Überall wurde so oder so gefringst. Geschickte Leute radierten so fein an den Zahlen und Wörtern der Lebensmittelkarten herum, dass es die Zuteilungen vervielfachte. Wenn ein ehemaliges Wehrmachtslager aufgelöst oder einfach entdeckt wurde, rannten alle hin und beluden sich mit dem, was sie erwischten. Als ich auf dem langen Heimweg im Herbst Bad Homburg erreicht und gehofft hatte, dort bei einem Großonkel etwas rasten zu können, kam ich nicht einmal in die Straße hinein, in der er wohnte. *US-Headquarter*, und seine Familie und er irgendwo in der Stadt in einem Hinterzimmer, ohne Sachen, ohne Vorräte. Also machten sein Sohn und ich uns in der nächsten Nacht trotz *curfew*, dem nächtlichen Ausgangsverbot, auf und schlichen uns auf dem überwucherten Pfad am Ende der Gärten zum vertrauten Törchen und zu den Apfelbäumen. Im ersten Morgendämmer klauten wir unsere eigenen Äpfel, und der Großonkel, einst von uns Kindern gefürchtet wegen seiner biblischen Strenge, wenn wir auch nur ein Stückchen Würfelzucker aus der Silberdose gemopst hatten, ermunterte uns, den Raubzug auf Mohrrüben, vielleicht auch auf Kartoffeln und Birnen auszudehnen.

Ums Recht kümmerte sich keiner, die Ordnung stand schräg, und wenn es bei Wilhelm Busch heißt »Tugend ist, wenn keiner kömmt!«, so hatte sich im »Tausendjährigen Reich« und in den Schwarzmarktjahren auf diese und jene Weise gezeigt, welche – oder besser – wie wenige Tugenden Bestand gehabt hatten. Nicolai Hartmann sagte mit seiner leisen Stimme: »Die höchsten Werte sind am schwersten zu verwirklichen.«

In den Jahren meiner Schulzeit hatte der Mut nur darin bestanden, Hitlerjungen nächtlichen Mutproben zu unterwerfen. Keiner hatte dagegen den wahren Mut besessen, Nein zu sagen, als die jüdischen Hochschullehrer ihres Amtes enthoben wurden. Gerechtigkeit erfuhren nur diejenigen, die dem System nützlich, dienstbar und genehm waren. Das Maß, jene Tugend, die man auch Maßhalten, Augenmaß, Mäßigung nennen kann, die Fähigkeit, sich zu zähmen und klar zu erkennen, wo man Grenzen überschreitet, diese Tugend war höchstens zu einem Satz in der Kindererziehung geschrumpft: »Bild dir bloß nichts ein!« oder »Hochmut kommt vor dem Fall.«

Er war vor dem Fall gekommen, und er hatte nicht nur eine sittliche *tabula rasa* hinterlassen, sein Zusammenbruch hatte Millionen entwurzelt. Flucht, Umsiedlung, Heimtransport und Entlassung von Kriegsgefangenen und Versprengten in Länder und Städte, die ihnen nur auf einem Geburts- oder Taufschein Heimat gewesen waren – überall waren mit den Vaterhäusern altgewohnte Umgangsformen und Gebräuche verloren gegangen.

Überall versuchten Vertriebene, die neue Sprache, die neuen Gesten von Anstand und Sitte zu lernen.

DIE STUNDE DER LESERBRIEFE

Wen sollten sie fragen? Es gab noch keine neue Konvention, keine Übereinkunft aller, und so mussten die Kränkungen, die den Fremden von den Einheimischen sicher oft ahnungslos angetan wurden, erst fast unerträglich stark werden, musste erst eine Weile vergehen, bevor sie sich Hilfe von der Öffentlichkeit suchten. Anonyme Stimmen, die nach einer

Instanz riefen und wieder ihre Lebensordnung haben wollten.

Das war die Stunde der Leserbriefe, der Leserbriefkästen, der Männer und Frauen, die in den Redaktionen der damals noch wenigen Zeitungen und Illustrierten als »Frau Irene«, »Frau Barbara« und so weiter die drängenden Fragen der Zeit beantworteten. Ich war in dieser Zeit Volontärin bei einer Wochenzeitschrift, und so wie die Lehrlinge traditionellerweise zum Bierholen in die Kneipe geschickt werden, so bekam man als Volontär oder junger Redakteur gern die Leserbriefe zum Beantworten.

Wie sollte ich, ein einzelner Mensch mit beschränkter Erfahrung, das leisten? Eine meine Kolleginnen in der Redaktion einer gerade gegründeten Frauenzeitschrift lief mit den Briefanfragen, die reine Sachfragen überschritten, von Redaktionszimmer zu Redaktionszimmer, las die Frage vor und fragte: »Wie macht man das bei euch? Was würdest du vorschlagen?« und zog dann das Mittel aus allen Antworten.

Instinktiv versuchte sie, die verlorene Einheit zu restaurieren und eine neue Übereinkunft vorzuschlagen. Denn die meisten Anfragen kamen von Frauen aus Pommern, Schlesien, Siebenbürgen und Masuren und lauteten zum Beispiel: »Mein Sohn hat sich mit einer Hiesigen verlobt. Wie verläuft hier eine Verlobung? Ich muss es ganz genau wissen, denn ich möchte, dass mein Sohn und ich alles ganz richtig machen, damit die hiesige Familie nicht sagen muss: Die wissen gar nicht, wie man sich benimmt! Ich will, dass mein Kind geachtet wird, von Anfang an, und es leicht hat, sich dieser Familie anzugleichen!«

Anpassung also an den Stärkeren, noch kein Mut, die eigenen Umgangsformen als genauso »richtig« vorzuführen. Ich notierte damals über meine Arbeit:

»Im ersten Vierteljahr verdächtigte ich unablässig Freunde und Bekannte, mir fingierte Briefe geschickt zu haben, denn das Ausmaß an Hilflosigkeit, orthografischen Fehlern und der Unfähigkeit, die Sprache als Medium des Gefühls oder selbst nur der Aussage zu benutzen, überstieg meine Vorstellungskraft ... Die Fragenden wollten, dass ich die Welt, zumindest aber die Menschen änderte, niemand lehrte sie, in dieser neuen Umgebung das Leben zu bewältigen, und ihre Fragen nach dem richtigen Verhalten (Wer gibt wem zuerst die Hand? Wie deckt man für ein Fest den Tisch?), nach dem richtigen Umgang mit Nachbarn, eingesessenen Schwiegermüttern, geldgierig gewordenen Kindern zeigten in oft erschreckendem Maße, wie sehr Ideale, christliche, europäische, aus dem Alltag verschwunden sind. Nicht Rat wurde gesucht, sondern Hilfe gegen Grausamkeit, Gleichgültigkeit, Rücksichtslosigkeit und Härte: Wolf unter Wölfen ...«

Nein, Gesinnungen konnte ich nicht ändern. Ich versuchte ein paar Maßstäbe zu setzen, ein paar Maximen wieder in Erinnerung zu bringen ... Hilft man tatsächlich, wenn man versucht, nicht auszuweichen, sich nicht in Gemeinplätze zu flüchten, sondern nach bestem Wissen und Gewissen so persönlich und ehrlich wie möglich zu antworten? Die Leserbriefkästen waren auf jeden Fall einer der vielen Nachkriegsversuche, wieder eine allgemein verbindliche Umgangsform zu finden.

DER FALSCHE GUTE TON

Am bekanntesten wurde wohl der Versuch, die Vorkriegsformen mit einem so unkritischen Ernst wieder gültig zu machen, dass er in spießige Förmlichkeit überging. Vertreten wurde diese Rekonstruktion in einem Buch der Protokollchefin von Konrad Adenauer, Erika Pappritz, das zwar aus der Feder des Journalisten Heinz Graudenz stammte, jedoch unter ihrem, der Beraterin Namen bekannt wurde. Sie, die zur »höheren Bonner Gesellschaft« zählte, war nur die erste prominente Leserin. Der Verlag sagte: »Sie hat es mit kritischen Augen gelesen.« Erika Pappritz hatte jedoch dem Verlag erlaubt, auf den Schutzumschlag ihre Visitenkarte über der des Herrn Graudenz abzubilden, und das war umso leichtfertiger, als sie damit einem Buch zum Erfolg verholfen hat, den es sonst kaum gehabt und kaum verdient hätte. Denn sein Stil schwankt oft zwischen neckischer Anbiederung und scheinbarer Tiefe: »Bringen Sie, gnädige Frau, die Regeln dieses Spiels ... auch Ihrem Mann bei. Ich darf doch schon ›Ihr Mann‹ sagen – wir kennen uns doch bereits, nicht wahr?«; und dann: »Darauf, bezaubernde Eva, verzichtest Du …«

Auch rein sachlich kann man nicht alles für verbindlich erklären, etwa wenn die lange Unterhose für unmännlich erklärt wird oder wenn ein Herr nur mit Schirm – auch im Hochsommer – als geschmackvoll angezogen gilt. Und dann erfährt der gelehrige Leser, dass die Spitzen der Gesellschaft jene Kreise sind, »die im Blickpunkt der Öffentlichkeit stehen und … aus der bescheidenen, nichtsdestoweniger honorigen breiten Masse herausragen … wenn wir ihnen gesellschaftlich begegnen, ist es an uns, nicht aus dem Rahmen zu fallen. Nicht etwa, weil sie uns das übel nehmen würden, sondern weil auch wir jene Vorbildlichkeit anstreben, die uns eines Tages befähigen kann, ebenfalls ›oben‹ Platz zu nehmen …«

Dieses Buch wurde seiner vorgestrigen Spielregeln wegen heftig kritisiert und war trotzdem, immer unter dem falschen Autorennamen, erfolgreich und wurde zum Zitat. Doch wenn sich in den Fünfzigerjahren auch manche so die große Welt vorgestellt haben – besonders die jungen Leute verlangten etwas anderes. Und eine tatsächlich neue Form versuchten die Tanzlehrer zu kreieren, die sich in einem Fachausschuss für Umgangsformen zusammengeschlossen hatten.

Frau Pappritz protestierte heftig, als sie eine der ersten Empfehlungen las, die dieser Fachausschuss ungefähr so formulierte und veröffentlichte: »Wenn zu Hause oder im Lokal lauter einander Bekannte an einem Tisch sitzen, darf auch eine Dame einen Herrn zum Tanzen auffordern.«

»Unmöglich!«, sagte die Pappritz.

»Das täte ich nie!«, verkündeten gleichfalls Sängerinnen und Schauspielerinnen der verschiedensten Altersgruppen, die man zu dieser Frage interviewte. Aber Protest und Kritik ließen den Fachausschuss kalt. An Angriffe von Frau Pappritz auf seine Empfehlungen war er gewöhnt. Und gewöhnt war er wohl ebenso daran, dass Frauen damals selbst dann, wenn es um ihre eigene Freiheit ging, noch konservativer als die Männer jene Sitten und Regeln verteidigten, die das traditionelle passive Bild der Frau wieder betonten.

Doch dem Vorschlag anderer Verhaltensformen haftete nichts von Rebellion oder Heldenhaftigkeit an. Er war kein Programm, sondern lediglich das Ergebnis der großen Zahl. Fünfhundert Tanzlehrer aus Deutschland, Österreich und der Schweiz hatten während eines internationalen Kongresses den jungen Damen nicht etwa unerhörte neue Freiheiten zugestanden, sondern nur bereits bestehende Sitten offiziell bestätigt.

Sie gäben nur Empfehlungen, sagten die Tanzlehrer, die die Beschlüsse der einzelnen Ressorts der Fachausschüsse auswerteten. Keiner der Kollegen könne etwas dagegen tun, dass diese Empfehlungen für absolut und unfehlbar erklärt würden, dass ihnen eine gewisse Kompetenz zuerkannt würde. Der Ausdruck »Experten-Gremium« des Fachausschusses, bestehend aus Tanzlehrern, Pfarrern, Soziologen, Ärzten und Psychoanalytikern, unterstrich allerdings diese Autorität noch, die man umso stärker akzeptierte, als sie nachdrücklich gewünscht und gefordert wurde.

Die Menschen dieser Generation wollten ganz genau wissen, wie man sich zu benehmen hatte, wenn sie es freilich auch ablehnten, sich so wie ihre Eltern und Großeltern zu benehmen. Und die Tanzlehrer wussten nun, was verlangt wurde. Sie hatten seit den frühen Sechzigerjahren unbefangen Protokoll über die Wünsche junger Leute geführt, ohne zu ahnen, dass ihr missionarischer Eifer, zu raten und zu helfen, durchaus exklusiv wirken könnte. Ursprünglich wollten sie lediglich für ihre Mitglieder proklamieren, was sich schickt, und nun begannen sie voller Begeisterung für ihr Motto »Weniger Formen, mehr Takt« zu kämpfen. Erstaunt registrierten sie, welch großes Aufsehen sie erregten, dass sie Beifall aus ganz unerwarteten Ecken erhielten. Als Erstes meldete sich ein Vertreter der noch jungen Bundeswehr, der nach einem neuen

Umgangston für die Bürger in Uniform suchte. Als Nächstes baten die Arbeitgeber- und Arbeitnehmerverbände um Regeln für den rechten Ton am Arbeitsplatz. Schließlich kamen die Chef-Stewardessen der Lufthansa und die Lehrer der Hotelfachschulen und forderten klare, unmissverständliche und praktische Unterlagen für ihre Arbeit.

Das alles überforderte die Tanzlehrer nicht im Geringsten, denn ihre Kunden waren gleichzeitig die Lieferanten der Informationen, nach denen sie verlangten. Umfragen in ihren Tanzschulen ergaben, dass die jungen Leute ganz allgemein »gutes Benehmen« kritisierten, hinter dem sich Rücksichtslosigkeit verbarg. Sie wehrten sich gegen das Verhalten der Eltern, an dem sie die Verlogenheit des guten alten Tons besonders krass zu erkennen meinten. Rund die Hälfte der Befragten wollte sich besser benehmen als ihre Eltern. Ihnen missfiel, dass der Vater zu anderen Frauen höflicher war als zur Mutter und die Mutter zu anderen Männern freundlicher als zum Vater. Oder dass die Eltern das Verhalten ihrer fast erwachsenen Kinder im Beisein anderer Erwachsener kritisierten und fremden Jugendlichen Dinge wie Rauchen, Alkoholkonsum und Naschen von Süßigkeiten erlaubten, die sie den eigenen Kindern verboten. Ihnen behagte nicht, dass es der Vater darauf anlegte, draußen den Herrn zu markieren, während er sich zu Hause gehen ließ. Dass man in der Berufsausbildung den Bruder der Schwester vorzog; dass Söhne keine Mädchen und Töchter keine männlichen Freunde mit nach Hause bringen durften; und dass die Erwachsenen so schnell mit Notlügen bei der Hand waren.

Kritik dieser Art leuchtete dem Fachausschuss ein, und er wurde zum Sprecher derer, die, wie einstmals die Freiherren vom Stein und Knigge, gegen leere Etikette und Hofschranzentum wetterten und den ehrlichen, aufrechten Menschen lobten und rühmten. Aus dem gleichen Grund sprach der Ausschuss von Umgangsformen und nicht vom guten Benehmen oder vom guten Ton. Selbst im Begriff Höflichkeit sahen die jungen Leute noch ein Synonym für Verlogenheit und Heuchelei. Etikette wurde als seelenloses Lieblingsspielzeug unerträglicher Protokollpopanze verstanden und verteufelt.

Diese Haltung war historisch fixiert und abzuleiten. In der deutschen Geschichte hat niemals ein strahlender großer Hof eine zentrale Rolle gespielt. Im Gegenteil, die kaiserlichen und königlichen Höfe zu Versailles, Wien, St. Petersburg, Paris oder London waren Anti-Ideale, beherbergten die sogenannten Erbfeinde, hatten folglich mehr mit Schmach und Krieg zu tun, sodass die Deutschen eher zur Glorifizierung bürgerlicher Epochen und Ideale neigen. Das höfische Zeremoniell, die Etikette und das diplomatische Protokoll, das Fürst Metternich schon in praktikablerer Form zum Wiener Kongress aus beiden entwickelte, wurden als Verfremdung einheimischer Sitten empfunden. Nun war der Ausschuss für Umgangsformen realistisch genug zu betonen, es sei unmöglich, Allgemeinrezepte zu geben. Er duldete das Protokoll als »gefühlloses Regulativ«. Wer nun aber betont, dass Verkehrsregeln kein Gefühl besitzen, hat insgeheim von einem Halte- oder Vorfahrtssignal mehr erwartet, als dieses bieten kann. Man muss sich darüber im Klaren sein, dass Etikette und Form stets von Formfetischisten überbewertet werden und es immer Menschen geben wird, die die Form für ihre eigenen Zwecke missbrauchen. Ebenso sollte klar sein, dass die Form jedoch deswegen, weil sie nicht mehr für alle passt, weder abgeschafft werden muss noch wertlos wird. Nur dann kann man Umgangsformen entwerfen, die gleichzeitig ein kritisches Bewusstsein schaffen.

KEIN FRACK UND KEINE FORMEN

Der Weg dorthin führte in den späten Sechzigerjahren erst einmal durch eine Phase totaler Ablehnung. Der damalige Bundespräsident Gustav Heinemann mäkelte regelmäßig an zu viel Frack und Formalitäten herum. Als er auf einer Einladung des Verteidigungsministers Helmut Schmidt zu einem Empfang las: »Smoking oder Uniform erwünscht«, da sagte er, er wolle auf seine Einladungen künftig drucken lassen: »Anzug beliebig, aber erwünscht«.

Des Bundespräsidenten Abneigung gegen Gesellschaftskleidung hatte sich schon in seiner sogenannten Protokollreform niedergeschlagen: weniger weiße Mäuse als Polizeieskorte, keine roten Teppiche, Staatsempfänge im Straßenanzug, Einladungen zu Essen und öffentlichen Empfängen nicht mehr streng nach der Protokollliste. Manch einer hat bei diesen Nachrichten gewiss befriedigt gedacht: Endlich mal ein vernünftiger Präsident, wir leben ja auch schließlich in einer Demokratie!

Gewiss, es ist demokratisch, das Geld der Steuerzahler zu sparen. Es ist höflich, verdienstvollen, aber fracklosen Mitbürgern Empfänge möglich zu machen. Es ist allerdings ein Irrtum, das Unbehagen an der steifen Frackbrust und den Widerwillen gegen abendlichen Garderobenwechsel als politisches Bekenntnis zur Demokratie zu interpretieren. Dahinter versteckt sich eine typisch männliche Bequemlichkeit, die einem älteren Herrn stets zugestanden, aber nie als Anstandsreform missverstanden werden sollte.

Mit der Gelassenheit des Professionellen hatte Hans-Otto Meissner, früher selbst Mitglied des Protokolls, schon vor diesen Reformversuchen seinen Kommentar abgegeben: »Das Protokoll stirbt nie. Fast immer, wenn sich eine staatliche Umwälzung vollzieht, erklären die neuen Machthaber, dass sie mit dem ›Unwesen des Protokolls‹ aufräumen werden. Aber noch keine Revolution hat das fertiggebracht, denn immer zeigt es sich, dass man diese Regelungen unbedingt braucht.«

Natürlich vereinfacht sich das Protokoll, die Regelung des gesellschaftlichen Lebens auf offizieller Ebene, von Zeit zu Zeit. Es erhob auch nie den Anspruch, für das private gesellschaftliche Leben verbindlich zu sein. Im Gegenteil, es verwehrte sich dezidiert dagegen. Es ist jedoch der letzte Rest einer Ordnung, die einst Europas Höfe und die nach oben strebende Gesellschaft absolut regierte, bis in die letzten Feinheiten wiederum beherrscht von Kammerherren und Zeremonienmeistern.

KEIN »KNIGGE« VON KNIGGE

Wer diese Ordnung kritisiert, wer sich über sie informieren will, der wird um Knigge nicht herumkommen, der eben keinen »Knigge« geschrieben hat, keine Benimmfibel, und der dennoch der wichtigste Autor ist, wenn man sich für Etikette und Gesellschaft, für Anstand, Sitte und den guten Ton in allen Lebenslagen interessiert.

1752, im Jahr der Geburt von Adolph Freiherr Knigge, kam das Wort Blaustrumpf in Mode, nach den seidenen, sehr teuren Strümpfen, die die Mitglieder eines Damenkreises in London zu tragen pflegten. Sie wollten sich im Sinne der Aufklärung und Emanzipation Bildung aneignen und beweisen, dass sich Aufklärung nicht nur aufs Philosophische bezog. Es war eine Bewegung, die regierende Fürsten zu Reformen führte, die sich auf das Schulsystem, auf Theologie, Poesie oder Landwirtschaft bezog. Die als Idee ganz Europa erfüllte und von Immanuel Kant folgendermaßen definiert wurde:

»Aufklärung ist der Ausgang des Menschen aus seiner selbst verschuldeten Unmündigkeit. Unmündigkeit ist das Unvermögen, sich seines Verstandes ohne Leitung eines anderen zu bedienen. Selbstverschuldet ist die Unmündigkeit, wenn die Ursache derselben nicht am Mangel des Verstandes, sondern der Entschließung und des Mutes liegt, sich seiner ohne Leitung eines anderen zu bedienen. Sapere aude! Habe Mut, dich deines eigenen Verstandes zu bedienen! ist also der Wahlspruch der Aufklärung.«

Und es wurde das Lebensmotto von Adolph Knigge. Er war auf dem Lande geboren und groß geworden, in Bredenbeck bei Hannover, sein Vater starb früh und hinterließ so viele Schulden, dass der Sohn sein Leben lang davon belastet war. Trotzdem schickte man ihn nach Göttingen, zu juristischen Vorlesungen, doch er folgte mehr seinen Neigungen zur Literatur.

Wenn die Studenten damals auch noch nicht als gesellschaftsfähig betrachtet wurden, so lebten die adligen jungen Leute mit ihrem Diener oder Hofmeister so behaglich wie sonst auf Reisen, luden sich gegenseitig, luden auch die Professoren ein. 1771 galt Adolph Knigges juristische Bildung für ausreichend, und er bekam durch die Vermittlung eines Verwandten eine Stellung am Hofe des Landgrafen Friedrich von Hessen. Er heiratete eine Hofdame, hatte mit ihr eine Tochter und fiel Intrigen älterer Kollegen bei Hofe zum Opfer, sodass er sich aus Kassel wieder verabschieden musste. Etwas später bekam er beim Erbprinzen von Hessen in Hanau eine Stellung, verstrickte sich wieder in Ränke und Rankünen und löste sich von der Gesellschaftskaste, von deren genauer Kenntnis er später profitieren und damit seinen Schriften das geben konnte, was heute noch wirkt: das Feuer der Empörung, das Überzeugende der genauen Kenntnis und Beobachtung und schließlich das Funkeln des Spottes.

Adolph Knigge lebte nun in einem Bockenheimer Gartenhaus, schrieb Romane und dann 1782 eine politische Schrift, deren Titel ihren Inhalt wiedergibt: »Sechs Predigten gegen Despotismus, Dummheit, Aberglauben, Ungerechtigkeit, Untreue und Müßiggang«. Das sind Begriffe, über die er immer wieder nachgedacht hat, das ist ein Katalog der ihm verächtlichen Laster, in dem sich die alten sieben Todsünden zu den Untugenden des Absolutismus gesellen.

Heute wird mit großer Beliebigkeit und von vielen Autoren über Werte gesprochen. Knigge wusste als privilegierter, wenn auch nur kümmerlich gebildeter Mann der Feder, dass das sittliche Grundgerüst auf den sieben sogenannten Kardinaltugenden ruhte: vier antike – Weisheit und Gerechtigkeit, Tapferkeit und Maße, auch gern als Besonnenheit übersetzt – und drei christliche: Glaube, Liebe und Hoffnung, und dass dieses Doppelgestirn von kleinen oder Alltagstugenden umfunkelt war, die sich im Lauf der Jahre wandelten, ganz so wie es später Nicolai Hartmann beschreiben sollte, die verschwanden und von neuen ersetzt wurden. Und so wie Ordnung, Pünktlichkeit, Rücksicht und Sparsamkeit und so weiter als kleine Tugenden zu nennen wären, zählte Adolph Knigge in diesen sechs Predigten die geringeren Laster, die politischen Alltags-Untugenden auf, jene kleinen, gemeinen Sünden, derer man oft sich mehr und dauerhafter schämt, als wenn man gemordet und geraubt, gehurt und Fraß und Völlerei getrieben hätte, von der Gotteslästerung ganz zu schweigen, die damals ein Fanal der Revolutionäre zu werden begann.

Diesem mahnenden Buch mit seiner Negativliste menschlichen Verhaltens und menschlicher Moralformen folgten zwei Jahre später »Sechs Predigten über Demut, Sanftmut, Seelenfrieden, Gebet, Wohltätigkeit und Toleranz«. Auch diese Schrift zur Alltagsethik ist eine Art Vorübung für das Buch, das den Baron Knigge weltberühmt machte, wenn es auch bis heute eher ungelesen blieb, sodass der Autor für etwas Ruhm gewann, was er nie geschrieben oder nur gedacht hätte. Gesellschaftsethisches Traktat wurde diese Schrift später genannt und oft auch als eine Art Untergattung der damals sehr beliebten und reihenweise erschienenen sogenannten Komplimentierbücher verstanden. Aus ihnen war zu lernen, was Goethe in Weimar von Frau v. Stein gelernt hatte, nämlich wie man Komplimente macht, also: sich anständig und jeweils standesgemäß benimmt. Denn das Kompliment, die Höflichkeits- oder Ergebenheitsgeste, hatte man bei Hofe in genau abgemessenen Bewegungen zu vollführen, und Goethe wurde von gehässigen Freunden in Weimar nachgesagt, das kriege er eben nicht hin, ihm fehle die lässige Eleganz eines geborenen Aristokraten.

Dass sich Goethe trotzdem eine geraume Zeit in Komplimenten übte, zeigt die Macht des höfischen Verhaltens, zeigt aber auch, warum ein freier Geist wie der Baron Knigge gerade diesen Drill der Etikette unwürdig fand und eben nicht darüber schrieb, nicht über den Kratzfuß und Knicks, nicht über Bestecke und Sitzordnungen und so weiter, worüber ohnehin nur Diener und Haushofmeister Bescheid zu wissen brauchten. Sein Thema war das sittliche Verhalten der sich emanzipierenden Stände, war eine Lebensordnung für eine Gesellschaft, die es noch gar nicht gab, die sich damals erst in ihren einzelnen Gruppen zu formieren begann.

Es gibt wohl nichts, was sich nicht im Laufe der Jahrhunderte wiederholte.

1787, zwei Jahre vorm Ausbruch der Französischen Revolution, zog Knigge nach Hannover. Es ging um die immer noch nicht geklärte Hinterlassenschaft des Vaters, und nach schwierigen Auseinandersetzungen mit Anwälten und Gläubigern schrieb er »Über den Umgang mit Menschen«, ein Resümee seiner Erfahrungen, Verletzungen und Meinungen.

Sein bisheriges Leben hatte ihm genug Anschauungsmaterial geboten, aber in diesem, seinem berühmtesten Buch bot er beides: Man erkennt den

Realisten, den Skeptiker, den Weisen mit den Wunden aus allen möglichen Alltagsgefechten gegen die Rohheit in Taten und Empfindungen, aber man sieht auch den unbeirrbaren Idealisten, der so fest an die Vernunft des emanzipierten Menschen glaubte wie nur einer. Immer wieder, an allen nur möglichen Stellen seines Buches appellierte er an den Verstand und die Vernunft. Sieh hin. Denk drüber nach. Urteile nicht nach der allgemeinen Meinung oder Mode, sondern nach dem, was du mit Hilfe deines Verstandes als Maßstab gewonnen hast. Nach dem besten Wissen und Gewissen. Lass dich nicht beirren, beherrschen, bestechen, beschmeicheln.

Immer wieder stellte er die beiden Extreme dar, die äußeren Gegensätze seiner Skala des vernünftigen und deshalb sittlichen Verhaltens: den Hofmann und den Hausvater. Den Fürstendiener und Schmeichellecker und den edlen Biedermann – auch wenn es diesen Begriff zu seiner Zeit noch gar nicht gab. Er schrieb, das gerade noch existierende Heilige Römische Reich, den Zerfall des deutschen Kaiserreichs vor Augen: »Diese Verschiedenheit der Sitten und der Stimmung in den deutschen Staaten macht es sehr schwer, außerhalb seiner eigenen vaterländischen Gegend, in fremden Provinzen in Gesellschaften zu gefallen, Freundschaften zu finden, Geschmack am Umgange zu finden, andere für sich einzunehmen und auf andere zu wirken.«

Und diese Schwierigkeiten werden in Deutschland noch größer unter Personen von verschiedenen Ständen und Erziehungen.

Mann und Hausvater, Fürstenknecht und freier Herr, das sind die beiden extremen Gegensätze, die seitdem durch die Geschichte geistern, bis in unsere Zeit, obwohl die Gesellschaftsform, auf der diese Gegensätze gründen, längst vergangen ist. Aber das ist das Erstaunliche: Knigge beschrieb mit dieser historisch gewordenen und überholten Welt die unsere. Sah durch das Gewand der Zeit auf den Menschen und seine unveränderlichen Eigenschaften, Sünden und Tugenden, und wollte ihn immer wieder mahnen, inmitten aller Versuchungen auf die Vernunft zu hören und den Anstand zu wahren.

Das ist bis heute das Problem jeglicher Lebenshaltung und der Erziehung. Denn wie können Eltern ihre Kinder gegen eine Umwelt voll Prügelei und Gewalt in Familie und Schule, voll Drogen- und Alkoholproblemen der Kinder und Jugendlichen, voll öffentlichem Betrug und alltäglich gefeiertem Egoismus zu dem heranziehen, was Knigge für gut befunden hat?

Wie können sich Erwachsene an den wahren Knigge halten, wenn Manager die Firmen, die ihnen nicht einmal gehören, in die Milliardenpleite fahren und für ihr Versagen mit Millionen abgefunden werden, während Tausende ihre Arbeit verlieren? Was hätte Knigges Hausvater mit seinem Biedersinn und seiner Verehrung von Aufklärung und Vernunft dagegenzusetzen?

In Knigges Worten steckt die Antwort. Er erzählt vom Umgang mit Menschen, wunderbar logisch aufgebaut. Die einzelnen Kapitel der drei Bücher, aus denen seine Schrift besteht, führen die Überlegungen vom eigenen Ich in die Weite: Auf »Über den Umgang mit sich selber« folgen »Allgemeine Bemerkungen und Vorschriften über den Umgang mit Menschen«. Danach kommt »Über den Umgang mit Leuten von verschiedenen Gemütsarten, Temperamenten und Stimmungen des Geistes und des Herzens.«

Der erste Satz aus den »Allgemeinen Bemerkungen« lautet: »Jeder Mensch gilt in dieser Welt nur so viel, als wozu er sich selbst macht.«

Das ist, wie Knigge schreibt, ein goldener Satz, und er klingt gut. Aber schon ist der Autor dabei, zu zeigen, wie man ihn nutzen kann. »Diese Erfahrung lehrt den Abenteurer und Großsprecher, sich dem Haufen für einen Mann von Wichtigkeit auszugeben, von seinen Verbindungen mit Fürsten und Staatsmännern, mit Männern, welche nicht einmal von seiner Existenz etwas wissen, in einem Tone zu reden, der ihm, wo nichts mehr, doch wenigstens manche freie Mahlzeit und Zutritt in den ersten Häusern erwirbt.« Und weiter: »Diese Erfahrung ist es, durch welche der empordringende Dummkopf sich zu den ersten Stellen im Staat hinaufarbeitet, die verdienstvollen Männer zu Boden tritt und niemanden findet, der ihn in seine Schranken zurückwiese.«

So geht es weiter: »Doch still! Sollte uns jener Satz denn gar nichts wert sein? Ja, meine Freunde! Er kann uns lehren, nie ohne Not und Beruf unsere ökonomischen, physikalischen, moralischen und intellektuellen Schwächen aufzudecken. Ohne sich also zur Prahlerei und zu niederträchtigen Lügen herabzulassen, soll man doch nicht die Gelegenheit verabsäumen, sich von seinen vorteilhaften Seiten zu zeigen.«

Damit ist das Leitmotiv der Lebensklugheit angeschlagen. Die Welt hält das Schöne auch für das Gute. Deshalb rät Knigge: »Dies muss aber nicht auf eine grobe, gar zu merkliche, eitle und auffallende Weise geschehen, denn sonst verlieren wir viel mehr dadurch« und dann, ganz zu Anfang dieses bedeutenden Buches, die treuen, hoffnungsvollen Sätze: »Zeige dich also mit einer gewissen bescheidenen Bewusstheit innerer Würde, und vor allen Dingen mit dem auf deiner Stirn strahlenden Bewusstsein der Wahrheit und Redlichkeit!«

LEHRSÄTZE FÜR LEBENSKLUGE

Und im Bewusstsein dieser Wahrheit, dass nämlich die Vernunft uns immer zum Guten und Wahren führt, formuliert er in diesem ersten Kapitel Ratschläge und Forderungen, die trotz dieses hohen Anspruchs immer noch gelten: »Strebe nach Vollkommenheit, aber nicht nach dem Scheine der Vollkommenheit und Unfehlbarkeit!

Sei aber nicht gar zu sehr ein Sklave der Meinungen anderer von dir! Sei selbstständig, was kümmert dich am Ende das Urteil der ganzen Welt, wenn du tust, was du sollst? Vor allen Dingen wache über dich, dass du nie die innere Zuversicht zu dir selber, das Vertrauen auf Gott, auf gute Menschen und auf das Schicksal verlierst!

Schreibe aber auch nicht auf deine Rechnung das, wovon andern der Verdienst gebührt!

Fehlt dir etwas, hast du Kummer, Unglück, leidest du Mangel, reichen Vernunft, Grundsätze und guter Wille nicht zu, so klage dein Leid, deine Schwäche niemand, wie dem, der helfen kann, selbst deinem treue Weibe kaum! Wenige helfen tragen; fast alle erschweren die Bürde, ja! sehr viele treten einen Schritt zurück, sobald sie sehen, dass dich das Glück nicht anlächelt. Rühme aber auch nicht zu laut deine glückliche Lage! Krame nicht zu glänzend deine Pracht, deinen Reichtum, deine Talente aus! Menschen vertragen selten ein solches Übergewicht ohne Murren und Neid.

Wohltaten annehmen macht abhängig; man weiß nicht, wie weit das führen kann. Man kommt da oft ins Gedränge zwischen der Notwendigkeit, schlechten Menschen zu viel nachzusehen oder undankbar zu erscheinen.

Suche keinen Menschen, auch den Schwächsten nicht, in Gesellschaft lächerlich zu machen! Ist er dumm, so hast du wenig Ehre von dem Witze, den du an ihn verschwendest. Ist er es weniger, wie du glaubst, so kannst du vielleicht der Gegensatz seines Spottes werden.

Verflechte niemanden in deine Privatzwistigkeiten, und fordere nicht von denen, mit welchen du umgehst, dass sie teil an den Uneinigkeiten nehmen sollen, die zwischen dir und andern herrschen.

Lerne Widerspruch ertragen! Sei nicht kindisch eingenommen von deinen Meinungen. Man respektiere das, was anderen ehrwürdig ist! Man lasse jedem die Freiheit in Meinungen, die wir selbst verlangen! Man vergesse nicht, dass das, was wir Aufklärung nennen, andern vielleicht Verfinsterung scheint!«

Und am Schluss dieser Ermahnungen, die auch immer zur ausgleichenden Klugheit raten, dieser unerschütterliche Satz, der keinen Kompromiss erlaubt: »Was aber noch heiliger wie jede Vorschrift ist: habe immer ein gutes Gewissen! Bei keinem deiner Schritte müsse dir dein Herz über Absicht und Mittel Vorwürfe machen dürfen!«

Dann sind wir beim »Umgang mit sich selber«. Wieder ein paar Beispiele:

»Wer täglich herumrennt, wird fremd in seinem eigenen Hause, wer immer in Zerstreuungen lebt, wird fremd in seinem eigenen Herzen, muss im Gedränge müßiger Leute seine innere Langeweile zu töten trachten, büßt das Zutrauen zu sich selber ein.

Respektiere dich selbst, wenn du willst, dass andere dich respektieren sollen! Tue nichts im Verborgenen, dessen du dich schämen müsstest, denn es ein Fremder wäre!

Selbst in deinem Äußeren, in deiner Kleidung sieh dir nichts nach, wenn du allein bist! Gehe nicht schmutzig, nicht lumpig, nicht unrechtlich, nicht krumm, noch mit groben Manieren einher, wenn dich niemand beobachtet … Verliere nie das Bewusstsein deiner Menschenwürde.

Sei nie ganz müßig! Lerne dich selbst nicht zu sehr auswendig, sondern sammle aus Büchern und Menschen neue Ideen! Man glaubt es gar nicht, welch ein eintöniges Wesen man wird, wenn man sich immer im Zirkel seiner eigenen Lieblingsbegriffe herumdreht, und wie man dann alles wegwirft, was nicht unser Siegel an der Stirn trägt.«

Auf dieses Kapitel folgt eine bunte Schar. Alte treten auf und Junge, es wimmelt von Sonderlingen und alten Bekannten wie auf einem Volksfest: Der zweite Teil gilt dem »Umgang unter Menschen von verschiedenem Alter«. Da gehört ein Kapitel den Eltern, Kindern und Blutsfreunden, das nächste dem Umgang unter Eheleuten, mit und unter Verliebten, mit Frauenzimmern, unter Freunden, es geht um die Verhältnisse zwischen Herren und Dienern, das Betragen gegen Hauswirte, Nachbarn und solche, die mit uns im selben Hause wohnen, über das Verhältnis zwischen Wirt und Gast, über die Verhältnisse unter Wohltätern und denen, welche Wohltaten empfangen, wie auch unter Lehrern und Schülern, Gläubigern und Schuldnern.

Im Einzelnen geht es um herrschsüchtige Menschen, um ehrgeizige, eitle, hochmütige, empfindliche, eigensinnige, jähzornige, um faule und phlegmatische, um misstrauische, argwöhnische, mürrische und verschlossene, neidische, schadenfrohe, geizige, verschwenderische, undankbare, unverschämte, Schmarotzer und Schmeichler, natürlich auch um wunderliche und dumme, überspannte Menschen und um Frömmler und Heuchler. Und es geht um die Ansichten, die zeitgebunden sind und bei deren Lektüre man sich überlegt, welcher Art wohl Knigges Ehefrau gewesen sein mag. Denn beim Umgang mit Eheleuten fragt er sich und den Leser: »Ist es nötig, dass der Mann klüger sei wie die Frau?« Und trotz der Blaustrümpfe, trotz der großen Frauen, die er auf Kaiser-, Zaren- und Fürstenthronen erlebt hat, schreibt er: »Noch nie habe ich eine glückliche und weise geordnete Haushaltung gesehen, in welcher die Frau die entschiedene Alleinherrschaft gehabt hätte. Es kann vielleicht Ausnahmen davon geben! Allein ich kenne keine.«

Im nächsten Kapitel hat Knigge dafür wieder recht: »Mit Verliebten ist vernünftigerweise gar nicht umzugehen; sie sind so wenig wie andere Betrunkene zur Geselligkeit geschickt.«

Zum Schluss folgt der große politische Teil, von dem Knigge selber schrieb: »Der dritte Teil aber wird die Pflichten entwickeln, die uns Stand, bürgerliche Verbindung, Konvenienz und alle übrigen zusammengesetzten Verhältnisse auflegen.«

Da geht es also »über den Umgang mit den Großen der Erde«. Anhand dieses Kapitels über Fürsten, Vornehme und Reiche kann man auch die Verfälschungen verfolgen, die dem Werk des Freiherrn Knigge im nächsten, dem 19. Jahrhundert angetan worden sind. Er hatte in der Begeisterung des revolutionären Anfangs geschrieben: »Nutze die Zeit ihrer – der Fürsten – Gunst, um sie zu Gerechtigkeit, Treue und Wahrheit und Menschenliebe zu ermuntern! Stimme ihnen nicht bei, wenn sie je vergessen wollen, dass sie, was sie sind und was sie haben, nur durch Übereinkunft des Volkes sind und haben; dass man ihnen diese Vorrechte wieder nehmen kann, wenn sie Missbrauch davon machen, dass unsere Güter und unsere Existenz nicht ihr Eigentum, sondern dass alles, was sie besitzen, unser Eigentum ist, weil wir dafür alle ihre und der Ihren Bedürfnisse befriedigen und ihnen noch obendrein Rang und Ehre und Sicherheit geben und Geiger und Pfeifer bezahlen; endlich, dass in diesen Zeiten der Aufklärung bald kein Mensch mehr daran glauben wird, dass ein Einziger, vielleicht der Schwächste der ganzen Nation, ein angeerbtes Recht haben könnte, hunderttausend weiseren und besseren Menschen das Fell über die Ohren zu ziehen!«

Ein halbes Jahrhundert später, 1844, als sich in den europäischen Residenzen die nächste Revolution ankündigte, deren Ziel unter anderem eine Verfassung war, also die politische Mitsprache der Bürger, klangen diese Sätze offenbar zu gefährlich. So milderte sie der Herausgeber zu folgendem: »Nutze aber die Zeit ihrer Gunst, um sie zu Gerechtigkeit, Treue, Wahrheit und Menschenliebe zu ermuntern. Stimme ihnen nicht bei, wenn sie je vergessen wollen, dass, was sie sind und was sie haben, nur aufgrund der Gesetze haben. Denen sie wie der Geringste der Untertanen unverbrüchlich und steten Gehorsam schuldig sind.«

Abermals fünfzig Jahre später, unter Kaiser Wilhelm II., setzte der damalige Herausgeber den Stift so königstreu an, dass es den Freiherrn Knigge gegraust hätte. Die Stelle hieß nun: »Stimme ihnen nicht bei, wenn sie je vergessen wollen, dass sie, was sie sind und was sie haben, nur durch die Gnade Gottes sind und haben ...«

MIT ANSTAND WIDERSTEHEN

Knigge war ein Bewunderer der Gedanken von Freiheit, Gleichheit und Brüderlichkeit, also: von der Freiheit des Geistes und der Schrift, von der Gleichheit der Stände und von der Brüderlichkeit unter Freien und Gleichen, unter Menschen, die sich wie er den Idealen der Aufklärung – noch vor der Revolution – verschrieben hatten. Für ihn, für seine Zeit, war das Wort Fortschritt neu, es war eine Hoffnung, bezog sich ebenso auf die sittliche Entwicklung zum mündigen Bürger wie auf die beginnende industrielle Entwicklung, die den Kindern gute Schulen, menschenwürdige Arbeit, Rettung vor Hunger und Unbehaustheit und vieles andere Gute bringen sollte.

Der Freiherr Knigge war kein Weltverbesserer, sein eigenes Leben hatte ihn durch bittere Erfahrung gelehrt, dass sich die Herren nicht ändern würden. Dass sie sich an ihre Ämter klammern, dass sie jeden verraten und denunzieren würden, um die eigene Position zu stärken, dass sie lügen, um andere zu decken und andern zu schaden, dass sie im Nu die Parolen von gestern verraten und sich unter neuen Namen an die alten Machtpositionen machen.

So wandte sich Adolph Knigge nicht an sie, sondern an seine Leser, an das Du, an sein Gegenüber. Ja, sagt er, so ist die Welt, spiel ruhig ein wenig mit, wenn du in ihr etwas erreichen willst. Pudere dir die Haare, mach Kratzfüße, aber wisse, wo die Grenze zwischen Manieren und Moral ist. Oder wo sich die beiden berühren. Wenn du ein Mensch sein und bleiben willst, darfst du kein Wolf unter Wölfen werden. Denn: Du, der Freie, Aufgeklärte, du hast die freie Wahl.

Genau das hat er vorgelebt, hat zweimal die Stellung bei Hofe aufgegeben, ist seinem Gewissen gefolgt und hat das ungesicherte Dasein gewählt. 1789 hat Knigge den Sturm auf die Bastille und die Absetzung des französischen Königs erlebt. Der Nationalkonvent erklärte Frankreich zur Republik. 1793 brach in Paris das aus, was man das Terrorregime genannt hat. Unter dem Fallbeil starben der König und die Königin, Maria Theresias, der großen Kaiserin Tochter, und ungezählte Aristokraten, ohne Prozess, ohne Gnade. Nur weil sie Herren und vielleicht Hausväter waren, wurden sie erschlagen, erstochen, guillotiniert und ihrer Güter und Besitztümer beraubt. Adolph Knigge erlebte noch, wie das alles endete, erlebte, wie Napoleon Bonaparte nach Italien aufbrach. Das war 1796, das Todesjahr des Freiherrn. Über zwei Jahrhunderte sind seitdem vergangen, und trotz allem, was unterdessen geschehen ist: Knigge hat recht. Man muss den Anstand haben zu widerstehen.

JAHRE DER VERÄNDERUNG

Aber so wie Knigges Ära mit der Französischen Revolution geendet hatte, mit der enthusiastischen Hoffnung auf Freiheit, die dann in politische Ohnmacht umschlug, so ging die Begeisterung der ersten Nachkriegszeit, gingen die Versuche von Tanzlehrern, Sportjournalisten und Bonner Protokollbeamtinnen nicht ins Allgemeine ein. Man trug Schlips, baute auf, absolvierte die Fresswelle und die Reisewelle, trug Petticoats und zerknitterte Fräcke von Vätern, machte Knicks und Diener oder nicht, sagte »Gnä' Frau«, besonders gern, wenn man ein schlechtes Namensgedächtnis hatte, und alles ging irgendwie weiter. Bis die Kinder der Kriegergeneration die Schule absolviert hatten, bis ein Jahrzehnt der Veränderungen begann: die Sechzigerjahre.

An ihrem Anfang ließ Ulbricht die Mauer bauen, wurde Adolf Eichmann von einem israelischen Gericht zum Tode verurteilt, flog der russische Astronaut Gagarin als erster Mensch in den Weltraum, begann das zweite Vatikanische Konzil in Rom, das zum ersten Mal in der Kirchengeschichte auf den modernen naturwissenschaftlichen und technischen Fortschritt einging und die Liturgie und damit den Altarraum vollkommen veränderte, stellte die erste bundesdeutsche Botschaft in Israel »den schwierigen Weg zu einem normalen Umgang« auf diplomatischer Ebene fest, wurde der normale Umgang auf Alltagsebene für lange Zeit schwierig.

1968 wurde in der Tschechoslowakei der Prager Frühling durch sowjetische Panzer blutig beendet, in den USA Martin Luther King ermordet, kam es in Rom, Kopenhagen, Prag, New York und Tokio zu Demonstrationen gegen den Vietnamkrieg und in Paris zu Straßenschlachten zwischen Studenten und Polizei. In Berlin schlossen sich einige Studenten der APO (Außerparlamentarische Opposition) zur Kommune 1 zusammen und probierten neue Formen des Zusammenlebens aus. In Frankfurt a. M. zündeten radikale APO-Mitglieder zwei Warenhäuser an. Beate Klarsfeld ohrfeigte Bundeskanzler Kurt Georg Kiesinger auf dem Parteitag der CDU in Berlin, um auf die Nazi-Vergangenheit nicht nur dieses einen Mannes, sondern der ganzen Vätergeneration hinzuweisen. Studenten in Marburg zogen sich als Erste für eine Demo nackt aus und marschierten durch die Stadt.

1969 ist schließlich das Jahr der Music and Arts Fair in Woodstock, der kleinen Stadt bei New York, der Höhepunkt der Hippiebewegung. Eine Million meist junger Leute machte sich auf den Weg zu diesem Love and Peace Rockkonzert, bei dem Sex und Drogen, Nacktheit und der politische Protest der Blumenkinder weltweit Mode machten. Krasse Gegensätze: hie »Make love not war!«, dort der unsichtbare Krieg der RAF-Terroristen, die Menschen ermordeten und ein Flugzeug entführten. Das endete im »deutschen Herbst«, im Gefängnis von Stammheim, im gemeinsamen Selbstmord der dort Inhaftierten.

Genug Veränderungen in einem Jahrzehnt, die sich in so rasanten Äußerlichkeiten ausdrückten, dass der eigentliche Protest gegen die Gesellschaft des Wirtschaftswunders, gegen Verdrängung, Heuchelei und Lüge, gegen den Anspruch der Väter, Lehrer und Vorgesetzten, trotzdem als Vorbild akzeptiert zu werden, im Lauf der Zeit bei vielen auf diese Äußerlichkeiten beschränkt blieb. Ein »Typ mit Schlips« war schon wegen solcher Herrschaftsallüren verdächtig. Männerfrisuren mit militärischem Kurzhaarschnitt und Frauenbusen mit Büstenhalter reichten als Zeichen der kapitalistischen Unbelehrbarkeit aus. Hochschullehrer wurden boykottiert, angespuckt, eingesperrt, ausgeschlossen, wenn sie Fleiß, Pünktlichkeit und Sauberkeit erwarteten oder nicht über die marxistischen Texte lasen, die ihnen die Hörer zu oktroyieren versuchten.

Wirkung hatten diese Änderungen in Moral und Manieren dadurch, dass sie meistens schweigend gebilligt wurden. Professoren ließen sich beurlauben, Lehrer schoben die Schulbücher beiseite und vervielfältigten revolutionäre Texte, Vorgesetzte kauften sich Jeans und ließen die Wohlstandsbäuche in knappen T-Shirts über den Hosenbund quellen, und Joschka Fischer trat im hessischen Landesparlament bei seiner Vereidigung als Minister in weißen Turnschuhen auf.

Die antiautoritäre Bewegung rundete diese Entwicklung ab. Sie schenkte Kindern totale Freiheit, befolgte das Laisser-faire, das Machenlassen, und so gab es zwei scharf voneinander getrennte Welten, Verhaltensformen und Manieren. Da wurde der Kochtopf auf den Tisch gestellt, und die Kinder konnten mit dem Essen machen, was sie wollten, dort wurde nach wie vor der Tisch mit einem Tischtuch gedeckt, Kinder, sauber gekleidet, wuschen sich vor dem Essen die Hände, sagten Bitte und Danke, wenn sie etwas haben wollten, lernten mit Messer und Gabel zu essen und fragten nach dem Essen, ob sie aufstehen dürften.

Aber Kinder wurden Jugendliche, übernahmen in der Pubertät die vorhandenen Muster der Rebellion, und das Machenlassen siegte. Es war einfacher, es war für die Typen mit Schlips einfacher, in einer Umwelt nachzugeben, in der die meisten anderen ohnehin schon nachgegeben hatten. Außerdem bot die Eltern- und Großelternliebe den Satz als Ausrede, dem nur Herzlose widersprechen konnten: »Ich will mein Kind doch nicht verlieren!«

So wurde akzeptiert, dass diese Kinder mit den Eltern im T-Shirt in die Oper gingen, mit Schulfreunden und Schulfreundinnen im elterlichen Haus den Sexualverkehr übten, die Regeln des Alltagsbenehmens ebenso wie die bisher üblichen Tischsitten nicht mehr wahrnahmen.

Diejenigen also, die Kindern Vorbild sein sollten, hielten den Mund, zogen sich zurück, gingen Auseinandersetzungen aus dem Weg und konnten sich mit den Regeln der neuen Pädagogik entschuldigen. Sie brauchten kein schlechtes Gewissen zu haben, wenn sie sich nicht um ihre Kinder kümmerten. Im Gegenteil: Ein junger Mensch sollte frei von Zwängen und Herrschaftswissen die nötigen Erfahrungen selber machen. Wenn das Kind also den heißen Kanonenofen anfasst und sich verbrennt, wird es das kein zweites Mal versuchen.

Funkstille also für Formen, zumindest für das Gemisch aus den vorhergegangenen Perioden. Jeder lebte mit seinem eigenen guten oder nicht so guten Ton, bis die Welt elektronisch geregelt, *worldwide* vernetzt und im wahrsten Sinn des Wortes global wurde.

GANZ NEUE ZEITEN?

Kinder haben Mobiltelefone, Großväter lernen der Enkel wegen mit Computern umzugehen, E-Mails verbinden Generationen und Erdteile, Kollegen und Unbekannte, und wenn die Finger über die Tasten fliegen, wenn die Maus saust, spielt das, was war, spielen die alten Formen keine Rolle mehr. *Anything goes*. Aber weil der Mensch ein Mensch ist, weil in uns Sehnsüchte, Gefühle, Verletzlichkeiten leben, ob wir nun den Bleistift oder die Gänsefeder benutzen und auf Papier schreiben oder per Mausklick den Text in die weite Welt hinein mailen, irgendwann irritiert oder schmerzt der Mangel an Anstand.

Also: Alles wie gehabt? Rückkehr zum einst Üblichen?

Niemand kann zu den Anfängen zurückkehren. Weder zu denen der eigenen Entwicklung noch zu denen des öffentlichen Lebens.

Man kann aber sehr wohl das Konservative nutzen, denn das bedeutet, dass man über einen Vorrat von Bewährtem verfügt. Man muss die Sachen nur überprüfen:

– Was war warum in welcher Form üblich?
– Wie brauchen wir es heute?
– Was kann vergessen werden, was bleibt?
– Woraus kann man Neues entwickeln?
– Was kann man in Reserve halten für besondere Anlässe?

Wer sich heute um den guten Ton in allen Lebenslagen, wie es früher hieß, kümmert, tut es meist aus diesen beiden Gründen:

Er merkt, er hat gelesen, man hat ihm nahegelegt, dass Anstand und gute Umgangsformen im Berufsleben wichtig sind. Er will sich nun aus ganz praktischen wirtschaftlichen Gründen Benimm aneignen. Am liebsten möchte er per Crash-Kurs lernen, was sich schickt.

Was darüber hinaus am meisten dazu führt, dass Menschen wieder über Anstand sprechen, Anstand verlangen, sind die allgemeine Rücksichtslosigkeit und die Unsicherheit der Sitten samt der Unfähigkeit, sich klar auszudrücken, also zum Beispiel wirksam und »richtig« Nein zu sagen und sich damit durchzusetzen.

Beide Komplexe sind alt, stammen aus der Vorratskiste der Konventionen – das eine ist das Benehmen als Drill und als Mittel zum Zweck. Das andere ist die Verbindung von Moral und Manieren, denn wer über Rücksicht spricht, denkt an jemanden, vielleicht sich selber, der durch Rücksichtslosigkeit gekränkt, beiseitegeschubst, aus dem Spiel gebracht worden ist.

Wenn ich *Rücksicht* ersehne, möchte ich, dass mich der andere bemerkt, ansieht, anspricht. Ich wünsche, dass er seine Ich-Bezogenheit, seine als Ich-AG gepriesene Einkapselung aufgibt. Ich will, dass ich als seinesgleichen wahrgenommen werde, dass er bei seinen Handlungen an mich denkt, mich berücksichtigt. Ich will darüber hinaus nicht das

Geringste von ihm. Ich will nur sein Nächster sein, sein Mit-Mensch. Wer Rücksicht nimmt, tritt mit einem anderen in Kontakt, hält einem Mitbewohner freundlich lächelnd die Haustür auf, rennt ihn nicht auf der Treppe um, sondern wartet friedlich, bis der andere, vielleicht ältere, die Treppenkehre genommen hat.

Nehmen wir zu beider Gunsten an, dass sie sich miteinander bekannt gemacht haben, als der jüngste Mieter eingezogen ist. So kann Herr Müller sagen: Ich lauf gerade eh zum Briefkasten. Soll ich Ihre Post mit einstecken? Und das bedeutet noch lange nicht, dass die Müllers nun den anderen an der Backe hätten.

Aber sie kennen sich, sie haben sich vielleicht im Lauf der Zeit schätzen gelernt, und wenn Frau Müller Geranien gießt und etwas Wasser nach unten tropft, vielleicht auf eine Tischdecke, so wird der Mitmieter nicht gleich zum Kadi laufen und auf eine neue Tischdecke klagen, sondern er sagt vielleicht: »Hups! Das war ein Volltreffer!«, und Frau Müller ruft: »Ach du liebe Zeit! Ich bitte um Entschuldigung. Morgen gieße ich erst am Abend, wenn Sie Ihre Tischdecke wieder abgenommen haben!«

Die meisten Fälle, mit denen sich deutsche Anwälte und Gerichte beschäftigen müssen, sind solche Streitereien um eine Tischdecke und über den Gartenzaun, manchmal um Streitwerte von 2,50 Euro, und am liebsten führten die Kläger um diese paar Euro einen Prozess bis zum Bundesgericht.

Recht haben. Dem anderen klarmachen, wer ich bin. Das ist schlechter Stil. Das ist unchristlich. Das ist sehr deutsch.

Das macht aus Nachbarn Feinde fürs Leben. Das kann man nur vermeiden, indem man Rücksicht nimmt. Sich umschaut, ringsum und rückwärts.

Wer bin denn ich? Bin ich ein Heiliger ohne jeglichen Makel? Habe ich nicht auch meine Fehler und Macken? Bin ich nicht auch auf die Nachsicht und Rücksicht der anderen angewiesen? Sollte ich nicht nachgeben, großzügig sein, verzichten, zurückstecken können? Will ich wirklich als so ein popeliger Kleinkrämer verschrien und verspottet sein?

Und schon ist man beim nächsten Begriff aus der Vorratskiste der Alltagstugenden: *Verzicht.* Freiwilliger Verzicht, womöglich mit einem aufrichtigen Lächeln. In einer Gesellschaft, in der es ums Gegenteil geht, nämlich ums Haben, Raffen, Ergaunern, Behalten, da ist Verzicht Dummheit, Schwäche von Weicheiern. In einem Staat, in dem jede neue Regierung neue Privilegien schafft, ist Verzicht fast gefährlich, weil er gegen das System löckt.

Mit einem Verzicht beschenke ich einen anderen. Ich gebe ihm auf jeden Fall Freiheit, entlasse ihn, lasse ihn laufen. Seltsamerweise kann das nicht jeder ertragen. Wer selbst ein kleinliches Herz hat, fühlt sich durch Großzügigkeit an das erinnert, was er selber nicht besitzt. Infolgedessen lehrt es der Anstand, Verzicht leise und wie nebenbei zu üben, ohne jede Selbstgefälligkeit und ohne Aufwand.

Wenn man also über diese beiden Wünsche nachdenkt, die einen Teil dessen formulieren, was von Anstand und Manieren erwartet wird, so erkennt man rasch, wie schwer es ist, das Innere säuberlich vom Äußeren trennen, wenn es nicht nur um das Alleräußerlichste geht wie »Welche Strümpfe trägt der Herr zum Frack – zur Sporthose – zum Sommeranzug?«

Aus diesem Alleräußerlichsten setzt sich jedoch der erste Eindruck der jeweiligen Gesellschaft zusammen. Wenn ich die Shopper auf dem Hamburger Jungfernstieg malen sollte, käme ich mit der Farbe blau aus. Alle Leute, männliche, weibliche und Kinder, sind unterhalb der Taille blau von Jeans. Oben ein paar Tupfer Beige und Grau und Schwarz, die T-Shirts, das wär's.

Weil offenbar nicht nur Deutschland auf das Jeans-Niveau herabgekommen ist, hat zum Beispiel die Mailänder Scala gebeten, zu Premieren zumindest im dunklen Anzug mit Krawatte zu erscheinen, wenn nicht im Smoking, und auch normalen Opernvorstellungen sollte mit Anzug und Krawatte die Ehre angetan werden.

Da geht es um die *Würde des Ortes*, so wie an manchen Kirchentüren in Frankreich oder Italien ein Zettel hängt, auf dem Frauen um eine gehörige Verhüllung freier Körperpartien gebeten werden und Männer um bekleidete Waden und Oberkörper. Manchmal geht es um die Würde des Menschen, auch wenn die Mode seltsamerweise die Frauen eher zum Ding herabwürdigt als schmückt.

Mode und Moral also: kein Filmfestival, keine Gala, keine Modenschau, bei der die Frauen nicht in Abendkleidern auftreten, deren Oberteile nur noch wie ein Notverband für entzündete Brustwarzen aussehen, schmale Streifen, unter denen man leicht erkennen kann, was man in der Hand hielte, wenn man annähme, was da so griffbereit vorgetragen wird.

Das ist nun eine Sache des Vorbildes, und gleichzeitig die einer Fahrlässigkeit. Wie kann man sich öffentlich über Kindesentführer, Kinderschänder und Kinderprostitution erregen, wenn man gestattet, dass sich Zwölf- und Dreizehnjährige wie Schauspielerinnen und Popstars bekleidet auch abends und nachts aus dem Haus begeben, dass sie wandelnde Lockvögel sind, in den meisten Fällen ahnungslos, was noch schlimmer ist? Selbst am helllichten Tag senden so kurztaillierte Jeans, dass man vorn das Schamhaar und hinten die Pofalte sieht, Signale aus, was jeder nachprüfen kann, der öffentliche Verkehrsmittel benutzt. Ist der Bus leer, so sind es die Augen der Männer, ist er voll, die Hände, die nicht einmal verstohlen das Gelände erforschen.

Man könne aber nichts dagegen machen? Wenn es erst so weit gekommen wäre, sei alles Gerede und Gepredige vergeblich?

Ja, es ist vergeblich, wenn man die Zeit der Kindheit unserer Kinder passiv hat verrinnen lassen. Die Welt ist so, wie sie ist. Wir armseligen kleinen Individuen können sie nicht verändern. Wir können nicht einmal unsere Regierungen zu dem bringen, was uns als Vernunft erscheint. Und da das Fernsehen und der Computer zu dieser unveränderlichen Welt gehören, können wir auch auf diesem Gebiet nichts machen. Also was?

Fernsehen ausknipsen, Augen schließen, Hände in den Schoß legen? Das Gärtchen am Eigenheim, die Geranien am Wohnwagen wässern, die Rente auf Mallorca genießen, und soll mit der Welt doch passieren, was will?

Ist das anständig? Ist das wirklich vertretbar?

Der Streit um unsere eingeborene Fähigkeit, einen freien Willen zu besitzen, von Vernunft und Moral geleitet zu werden, wenn wir das nur wollen, wird wahrscheinlich die Philosophen und Naturwissenschaftler noch Generationen lang beschäftigen und immer wieder aufflackern. Das ist gut, weil es unsere vielleicht schon selbstgefällig gewordene Sittlichkeit immer wieder infrage stellt, uns immer wieder zwingt, uns umzuschauen, unsere Probleme zu erkennen und uns neu zu ordnen. Das ist erst recht gut, weil sich im Lauf der wissenschaftlichen Debatte zu bestätigen scheint, dass uns das Gen für Moral angeboren ist. Der Sinn für Gut und Böse, für Falsch und Richtig wird uns also nicht von außen aufgezwungen, sondern er gehört zu unserem biologischen Erbe, nicht nur zum christlichen des Abendlandes und zum sittlichen der Aufklärung.

Wir haben Vernunft, wir haben die Freiheit, Nein zu dem zu sagen, was wir für schlecht und böse halten, was uns zu Dingen verführt, die wir nicht wollen und nicht wollen sollten.

Das ist unsere Gabe, unser kostbarster Besitz, die einzige Erbschaft, die unseren Kindern nützt. Das ist aber auch unsere Verantwortung. Sie beginnt damit, dass wir Vernunft und Gewissen nicht leugnen dürfen. Dass wir beides genauso entwickeln müssen wie jede andere Eigenschaft und Kulturfertigkeit, also wie das Laufen und Greifen und Lesen und Schreiben. Wir müssen lernen, vor der Vernunft zu bestehen und ihr nicht auszuweichen. Wir müssen das empfindliche Gewissen pflegen und immer wieder schärfen. Wir dürfen uns die unangenehmen Tatsachen des Lebens nicht schönreden, dürfen uns nicht selbst und damit unser Gewissen betrügen, dürfen nicht verdrängen, was uns an unserem eigenen unvollkommenen, fehlerhaften, sündigen, gebrechlichen Bilde stört und quält.

Das alles müsste ein Leser dieser Zeilen insgeheim bejahen, sonst hätte er wohl gar nicht erst begonnen, dieses Buch zu lesen und nun weiterzulesen.

Wenn wir über Anstand lesen und schreiben, so setzen wir voraus, dass ich anständig oder unanständig sein kann. Also wissen wir insgeheim ganz genau, dass zum Anstand der Verzicht auf das Nicht-Anständige gehört. Und wir wissen, wie viel bequemer es ist, den Anstand zum Teufel zu wünschen, Ja und Amen zu allem zu sagen. »Ich will nur meine Ruhe haben!« – das ist ein verführerischer Satz, und schon sitzt der Mensch vor der Glotze und lässt sich mit Bildern vollmüllen, die eine Welt zeigen, wie sie gerade nicht und niemals sein sollte.

Mord und Totschlag, so präzise, dass man gar nicht mehr Medizin studieren muss, um Menschen zu Leichen zu zerfleddern. Männer, die Frauen so behandeln, wie es vielleicht pubertierende Gewalttäter träumen, Frauen, deren Haare so glänzen, wie es kein schlichtes Shampoo zustande bringt, Partygäste, die Weingläser falsch anfassen, Tassen prinzipiell nie am Henkel, beim Essen rauchen, mit vollem Munde reden, mit offenem Munde kauen und die Tafel wie einen Schrottplatz hinterlassen. Ganz zu schweigen von den mitternächtlichen Busenreibereien rosa gepuderter Damen, alleine, in Gruppen, in gemischtem Sex und bei Turnübungen, deren Dauer wahrscheinlich nur auf der Endlosschleifen-Technik des Fernsehens beruht. Bilder. Vorbilder?

Bilder auf jeden Fall, die durch alle Medien konsumierbar sind, die Kinder dazu bringen, sich die Nasen und Lippen zu piercen, sich als Konfirmationsgeschenk eine Busenoperation zu wünschen und sich dabei einzubilden, sie hätten das alles gewählt, gewollt. In Wirklichkeit sind die Kinder Opfer. Es sieht so aus, als hätten sie keine Wahl gehabt, doch was ihnen fehlte, war ein trainierter Verstand, der ihnen zeigte, wem sie verfallen sind: dem Druck von außen. Der Werbung. Dem Zwang der Masse, den man auch Mode nennt.

»So machen es aber alle!«, sagt das Kind, weil es weiß, dass es die Lachnummer sein wird, wenn es ohne Grufti-Look – oder was auch immer sonst – in der Klasse auftaucht.

Und schon sitzt der für dieses Kind verantwortliche Mensch ohne Vernunft und Moral in der Zwickmühle. Sein Satz lautet: »Ich will nicht, dass mein Kind leidet und verhöhnt wird.« Will ich selber *out* sein, will ein schönes Mädchen erleben, wie seine heimliche Flamme mit einer tätowierten Busenfreien davonrauscht? Kann es dann noch *cool* bleiben?

Vernunft. Gewissen. Verzicht. Schmerz.

Wir können die Welt, selbst die Welt unserer Kinder nicht retten, indem wir sagen: Lass das. Ich verbiete dir X und Y. Wasch dir das Gesicht. Zieh dir was Anständiges an.

Wir können nicht einmal verhindern, dass Kinder Waffen und Gewalt-DVDs besitzen, verstecken, ausleihen, verleihen, anschauen. Wir können nur das eigene Vorbild gegen die Welt setzen. Ein lächerlicher Versuch, anmaßend, aberwitzig, aber was bleibt denn sonst? Wir können unsere Kinder nicht in den Elfenbeinturm einsperren. Sie müssen hinaus »ins feindliche Leben«, wie Schiller schon vor über zweihundert Jahren so trefflich formulierte.

Und ihr Schild, ihre Waffen? Nur die Erinnerung an uns. Wie wir nie (nie? ach!) ausgewichen sind. Wie wir immer standgehalten haben. Wie wir jede Frage beantwortet haben, wie wir ihnen Distanz zu den Fernsehbildern beigebracht haben, Distanz zu den Verlockungen der Werbung und der Mode, wie wir manches mitgemacht und mitzumachen erlaubt haben, aber nie ohne Erklärung, nie ohne Hilfsangebot, die Kinder ohne großes Theater aus etwas herauszuholen, in das sie sich so verrannt haben, wie sich Heranwachsende verrennen müssen, wenn sie die Unterschiede kennen und spüren lernen sollen.

»Tugend ist, wenn keiner kömmt.« Das kann man nicht oft genug wiederholen, denn Wilhelm Busch wusste genau, dass man nur eine vertrocknete Pflanze auf der Fensterbank wird, wenn keiner gekommen ist, der einen zur Probe aufs Exempel zwingt und herausfordert ins Freie, ins Wilde, ins Unabsehbare.

Was also tun? Vielleicht einmal von sich absehen. Rücksicht üben im wahrsten Sinn des Wortes: Was ist hinter unserem Rücken geschehen? Damals, früher. Dann erkennt man rasch, dass diese Probleme von Vorbildern und verbindlichen Prinzipien, von

Freiheit und Gewissen, von Chaos und Anstand die Menschen immer wieder bewegt haben und sie auch entzweiten, dass diese Fragen: Wer bin ich? Was soll ich tun? Was kann ich hoffen? wahrhaftig durch die Jahrhunderte hallen.

NOCH MAL ZUM ANFANG

Beginnen wir wieder am Anfang. Wenn Moral und Manieren den Anstand ergeben, so ist es am leichtesten, mit dem Äußeren, den Manieren, den Formen des Verhaltens und Aussehens sich zu befassen, die sich den Parallelgesellschaften am widerstandslosesten vermitteln lassen.

Das war schon zu Knigges Zeiten so, denn damals wie heute mussten die Anstandsbücher – das moderne Wort lautet: Benimmfibeln – eine Lücke füllen, die erste spürbare und historische Lücke, die seit 1806 besteht, seit dem Reichsdeputationshauptschluss, als das Heilige Römische Reich Deutscher Nation, seit über fünfhundert Jahren von Habsburgern als Kaiser geführt, aufgelöst wurde. Vorbei waren Vorschriften und Regeln, die alle Herrschaften und Königreiche, Klöster und Reichsstädte, Grafschaften und Herzogtümer in diesem Heiligen Römischen Reich in eine Ordnung gebracht hatten – wobei es keine Rolle spielt, ob und dass sie eingehalten wurden. Die allgemeine Verbindlichkeit, das allgemeine und allgemein anerkannte Beispiel bis in die Formulierung von Gesetzestexten und Bittschriften war die Hauptsache.

Das war vorbei. Und der Übergang zu etwas anderem vollzog sich nun wie in jedem erfolgreichen oder namhaften Unternehmen, dessen überragender Gründer oder Chef ohne Nachfolger gestorben ist: Eine Zeit lang läuft alles auf den alten Schienen, nach den alten Plänen und Terminen, nach der alten Hausordnung. Erst wenn erste Verträge oder Vereinbarungen auslaufen, erst wenn den Beteiligten klar wird, dass sie jetzt machen können, was sie wollen, was sie vielleicht immer schon gewollt haben, dass sie irgendwie frei, aber gleichzeitig schutz- und ziellos sind, erst dann beginnt sich etwas zu ändern.

Und immer formieren sich diese beiden Gruppen: die Zögerer und die Losrenner. Die Nesthocker und die Stürmer. Die Vorsichtigen, Ängstlichen, Sesshaften, die keinen Grund für Änderungen sehen. Die finden: Es läuft doch alles ganz gut so. Warum soll ich alles auf den Kopf stellen, warum soll ich das aufgeben, was ich von den Vätern geerbt habe, was ich liebe, was mir passt, was mir nützlich ist, was ich behalten will bis zu meinem Tod und was ich dann genauso meinen Kindern vererben will – und sie damit verpflichte, alles so weiterzuführen wie bisher?

Die Zögerer haben die Aufmerksamkeit stets auf die Zeichen gerichtet, die ihre Hoffnung auf die Dauer des Bewährten und des ihnen Bequemen zu bestätigen schienen. Sie haben gedacht: Lass das nur einmal so laufen, lass den Krieg nur erst mal zu Ende sein, lass die Jungen, die Revolutionäre sich erst einmal austoben, dann wird schon alles wieder seine Ordnung finden.

Nach dem Wiener Kongress 1814–1815, nach 1848, als in ganz Europa der Ruf nach Verfassungen, nach Presse- und Berufsfreiheit ertönte, nach 1866, als sich die Reste des Heiligen Römischen Reiches zu den verhängnisvollen Nord/Südhälften gruppierten, nach 1870/71, als der junge preußische deutsche Kaiser noch einmal Etikette und Rangfolge, Hofstaat und Standesdünkel zur höchsten monarchischen Glorie stilisierte, da schienen Sitte und Moral sich immer wieder ganz ordentlich zurechtzuruckeln. 1918 hätten freilich auch die Zögerer einsehen müssen, dass es Adel und Bürgertum eigentlich gar nicht mehr gab. Aber selbst 1945, nach der Befreiung von der Nazi-Diktatur, bauten Bürger wieder ihre Städte auf und waren die Reste der Adelstugenden im Fluchtgepäck, waren sie in der Erinnerung an die Männer des 20. Juli 1944 so stark, dass die ideale Ikone dieser historischen Stände die Wirklichkeit überlebte.

Der Mensch muss sich immer nach etwas richten. Er ist kein Einsiedler, sondern das Ich in der Masse, und die Masse gibt den Maßstab.

Nach dem Tod der Kaiserin Maria Theresia wurde in der »Hofklageordnung« allerhöchst festgesetzt: »Dass die Cavaliers die ersten sieben Wochen [erscheinen sollen] im schwarzen umgekehrten und gepeperlt aufgeriebenen Tuch mit wenigen

Knöpfen an der Taille und gar keinen auf den Aufschlägen, mit Pleureusen, mit Manschetten von Battist, mit einem breiten Saum, sodann mit wollenen Strümpfen, kordnanen Schuhen, schwarz überzochenen Degen und angeloffenen Schnallen und mit dem Flor auf dem Hut …

Die Dames die erste sieben Wochen in schwarzwollenen Zeugen, mit Kopf- und Garnituren-Aufputz, dann Stirnzüngel von schwarzer Gaze d'Italie, mit schwarzem Geschmuck, Handschuhen, Eventails, kordnanen Schuhen und schwarz angeloffenen Schnallen …«

Das entsprach der Tradition des Zeremoniells. Feste Regeln bis zu den Knöpfen und zu den Schnallenschuhen. Für seinen neuen Hofstaat entwarf Kaiser Wilhelm II. selbst die das Barock des Sonnenkönigs noch übertreffenden Formen, befahl, wie die Balltoiletten der Damen auszusehen hatten, und entwarf die Hoftracht der Herren nach der Rangordnung, die jedes Jahr neu verkündet und veröffentlicht wurde.

STAATSROBE UND WEISSE BLUSEN

Das alles hat in einer Zeit, die nicht durch die Rangordnung, sondern durch Computer strukturiert wird, nur noch historischen Wert. Diese Etikette wird vielleicht in Museen auf entsprechenden Tafeln erklärt, neben einer halb zerschlissenen seidenen Staatsrobe aus dem 18. Jahrhundert.

Aber die junge Frau, die am Computer arbeitet, hat ein heutiges Problem. Sie wird zum ersten Mal von ihren Kolleginnen, die sich schon lange kennen, zu einer Geburtstagsfeier eingeladen. Sie erscheint in einer weißen Seidenbluse zum langen schwarzen Rock.

»Unmöglich!« sagt danach einer der anderen Gäste, »so was von spießig!«

Bei der Weißblusigen aber galt es als »unmöglich«, zu so einem Anlass in Hosen zu kommen, mochte der dazugehörige Pulli auch aus Seide sein. Da sie sich aber nicht in ihrer eigenen Gesellschaftsgruppe bewegte, sondern in der Fremde, galt sie fortan als eine, »die nicht weiß, wie man sich anzieht, die nicht weiß, wie man sich benimmt, die man gar nicht mehr einladen kann, weil man sich mit ihr ja nur lächerlich macht«.

Wer sich jedoch nicht zu benehmen wusste, war der oder die Einladende. Zu so einem großen Fest lädt man korrekterweise und sicherheitshalber schriftlich ein. Damit gibt man dem Eingeladenen alle wichtigen Daten: welcher Tag, welche

Stunde, welcher Anlass, welcher Ort, welche Kleidung.

Es gibt auch eine Adresse und eine Telefonnummer oder Mobil-Telefonnummer, damit man schriftlich oder fernmündlich rechtzeitig vor dem angegebenen Datum ab- oder zusagen kann, und wenn ich irgendwo neu oder fremd bin, so wähle ich ganz bestimmt die Telefonnummer und frage: »Was versteht man bei euch unter festlicher Kleidung [oder welche Angabe auch immer auf der Einladung stand]?«

Wäre die Einladung zu diesem Jubiläumsfest im altmodischen Sinn korrekt gelaufen, so wäre die Geschichte nicht in einer Kleiderkatastrophe geendet, wäre die Weißblusige nicht zur Außenseiterin gestempelt worden, was sie gar nicht war, nun aber für ewig sein muss.

Auf solche verhängnisvollen Missverständnisse stößt man immer wieder, und sie machen das Problem nur noch größer. Denn je amorpher, je ungestalter durch die Globalisierung das wird, was man einst »die Gesellschaft« nannte, desto hilfloser wird der Einzelne. Wer ist er denn unter Millionen? Wie soll er denn wissen, was die anderen von ihm erwarten, wenn es nicht mehr reicht, wenigstens sich selbst, den eigenen kümmerlichen kleinen Lebenskreis als Maßstab zu nehmen.

In der neuen Welt geht es um Erfolg und Geld und *Global Players*, und wenn in der alten Welt jeder wusste, wo er nach der Rangfolge seinen Platz fand, bei Tisch und beim Empfang bei Hof, ewig und immer den gleichen Platz, es sei denn, er wurde befördert oder der Platzhalter über ihm starb, so können sich die *Global Players* und unsere alltäglichen Zeitgenossen zwar auf nichts verlassen, dafür aber da hinsetzen, wohin sie wollen, können sich ständig verändern, immer neue Plätze an anderen Orten einnehmen, sind durch kein Oben und Unten gehindert. Wer Geld hat, heißt es, kann machen, was er will. Kann sich benehmen, wie er will. Kann alle auslachen, die ihm mit ihren läppischen Anstandsregeln, Steuergesetzen und anderen Einschränkungen in die Quere kommen wollen.

Wer *money* hat, ist *king*.

Theoretisch. Denn praktisch – und das macht den Widerspruch – ist jeder jemand, der gerade inmitten der Freiheiten die damit verbundene Gefährdung oder Unsicherheit spürt. Denn *moneyland* ist nicht überall. Auch der Stinkreiche kann sich unsterblich lächerlich machen, wenn er in der falschen Gesellschaft die falschen Socken trägt.

Also verlangt der Mensch nach festen Formen und zuverlässigen Normen des Umgangs, nach Regeln für das Alltagsverhalten in Familie, Büro, *global world* und Eigenheim, und weil das, was an Umgangsformen wild vor sich hinwuchert, nicht von allen akzeptiert wird, weil die berühmte Übereinkunft aller noch nicht zustande gekommen ist, werden die alten Formen heute wie nach 1918 und 1945 weiter benutzt.

Die Formen des Bürgertums und die der Aristokratie. Die kleinen Mädchen sollen keinen Knicks mehr machen und die Buben keinen Diener, aber sie sollen sich benehmen lernen. Was ist das? »Ich habe in Spanien und in England gelebt«, erzählte ein Kollege, »meine Kinder haben dort im Kindergarten und in der Schule gelernt, Forderungen zu erfüllen, Bitte und Danke zu sagen, Rücksicht aufeinander zu nehmen, dem anderen den Vortritt zu lassen, dem anderen zu helfen, ihm etwas abzunehmen, ob das nun eine schwere Tasche ist oder eine Aufgabe, mit der der andere nicht zurechtkommt. Nicht quer durch das Zimmer zu schreien, sondern zu dem anderen hinzugehen und ihm das in normaler Stimmlage zu sagen, was zu sagen ist. Freilich – sie hatten es dann schwer, als ich mit ihnen nach Deutschland zurückkam. Sie sind geschubst und getreten und gehänselt worden, sie kriegten keine Freunde und haben sich nicht durchsetzen können. Aber ich habe dann die anderen Mütter und Väter zusammengetrommelt, und wir haben alles durchgesprochen, wobei den anderen zum ersten Mal klar wurde, in was für einem Wildwuchs sie und ihre Kinder lebten. Das alles hat nicht wirklich etwas genützt, aber die Spannung war raus, die Feindseligkeit.«

Und dann? »Na, das war das Komische. Meine Kinder haben dann auch gerauft. Sie haben sich gewehrt, sie haben zurückgetreten, aber weil sie sich unterdessen aneinander gewöhnt hatten, weil sie sich kannten, war das nicht so schlimm. Es war eher so etwas wie ein Ritual unter Gleichgestellten, eine andere Form oder eine Vorform von Kinderhöflichkeit.«

Es war also eine Entwicklung wie in einer Urgesellschaft: Abwehr und Gewalt, Anerkennung und Duldung.

HABEN FORMEN KRAFT?

Immanuel Kant, der Philosoph aus Königsberg, hat an die Kraft ziviler Umgangsformen geglaubt. Wenn ein Mensch diese Formen der Höflichkeit befolge, »... werden zuletzt die Tugenden, deren Schein sie geraume Zeit nur gekünstelt haben, nach und nach wohl wirklich erweckt, und gehen in die Gesinnung über«.

Die *Höflichkeit* also. Ist sie von allen Tugenden übrig geblieben, weil sie ein Äußeres und zugleich ein Inneres ist? Weil sie global gilt? Oder ist sie eine Falle? Ein einfacher Taschenspielertrick?

Höflichkeit hat ebenso wie die Etikette etwas mit dem Hof zu tun, mit dem französischen Königshof von Ludwig XIV. in Versailles, wo er den damals größten Schlosskomplex in Europa im Lauf von dreißig Jahren anlegen ließ. Dort drängte sich der gesamte Adel Frankreichs dermaßen zusammen, dass die Hofmeister den Damen und Herren Zettel, »etiquettes«, an die Kleidung hefteten, damit sie bei den verschiedenen Empfängen, Bällen, Diners etc. ohne Gezänk und auch flink der

Rangfolge nach aufgestellt oder gesetzt werden konnten.

Das waren die »etiquettes«, die in Versailles als praktisches Hilfsmittel erfunden wurden. Mehr ist die Etikette nicht, auch heute nicht.

Die Höflichkeit war nun das Verhalten, das man an diesem Hofe ausübte, und weil Versailles bald das bis ins kleinste Fitzelchen nachgeahmte glänzende Vorbild für vor allem die vielen Höfe des Heiligen Römischen Reiches Deutscher Nation war, schwebte Ludwig, der Sonnenkönig, im Strahlenkranze seiner Vortrefflichkeit und seines Ruhmes als Beispiel für dieses Hofverhalten über allem. Der Graf von St. Simon, einer der Hofleute und später ein Sozialkritiker, schrieb über seinen König: »Er war außerordentlich höflich in Worten und Benehmen. Dabei verstand er es, seine Höflichkeit je nach Alter, Rang und Verdienst abzumessen und abzustufen.

Ganz besonders bewundernswert war seine Höflichkeit gegen die Frauen. An keiner ging er vorbei, ohne den Hut zu lüften. Selbst nicht vor den Kammerfrauen, die ihm als solche bekannt waren. Vor Damen zog er den Hut vollständig ab aus größerer oder geringerer Entfernung. Vor großen und hohen Herren nahm er ihn bald ab und hielt ihn so ein paar Augenblicke über dem Haupt. Herren geringeren Ranges grüßte er mit der Hand am Hut. Prinzen von Geblüt wurden wie die Damen gegrüßt, wenn er mit den Damen sprach, bedeckte er sich erst nachher wieder. So hielt er es außer dem Hause, denn im Zimmer trug er niemals einen Hut.

Er verneigte sich stets leicht, wenn auch mit mehr oder minder Unterschied. Seine Verbeugungen waren unvergleichbar elegant und hoheitsvoll, selbst wenn er sich beim Souper nur halb erhob, sobald eine Dame eintrat, die das Vorrecht, sich zu setzen, hatte. Musste er beim Ankleiden auf irgendetwas warten, so zeigte er sich nie ungeduldig. Pünktlich hielt er alles ein, was er angeordnet hatte. Seine Befehle waren stets knapp und klar. Infolge seiner Regelmäßigkeit in allem ward er stets aufs pünktlichste bedient. Für die Höflinge war das unsagbar bequem.

Bei Paraden, Festlichkeiten und überall, wo die Anwesenheit der Damen Liebenswürdigkeit erheischte, war er unvergleichlich. Er war am Hofe der Königinmutter in die Schule gegangen, dazu hatten ihn seine Mätressen immer mehr daran gewöhnt. Dabei blieb er immer hoheitsvoll, wenn er zuweilen sehr fröhlicher Laune war. Vor den Augen der Welt tat er nie etwas Gewagtes oder Unbedachtes. Die geringste Gebärde, sein Gang, seine Haltung, sein ganzes Äußeres, alles war maßvoll, dezent, vornehm, hoch und erhaben. Dabei immer natürlich. Gewöhnung und der Vorteil einer wie dazu geschaffenen Figur trugen das Ihre dazu bei.«

Das war eine wahre Schule der Höflichkeit mit all ihren Hilfstugenden. Aber war diese königliche Courtoisie eine Innerlichkeit oder eine sozial notwendige Äußerlichkeit? Zivilisierte und zähmte sie die Begierden, Leidenschaften, Bewegungsdränge von Menschen, die nicht nur dicht aufeinander leben mussten, sondern zudem von Ehrgeiz und sozialem Neid zerfressen waren? Jeder wollte dem König nahe sein, jeder drängelte, trat, bestach und belog zu diesem Zwecke. Es musste also einen Mechanismus geben, der diese gefährlichen und explosiven Kräfte regulierte. Höflichkeit also als Regulativ, als äußeres Hilfsmittel, mit Freunden und Feinden zu einem erträglichen Miteinander zu kommen.

Höflichkeit, wie man später sagte, als Lüge, als Unwahrheit, als Heuchelei, um ein gesellschaftliches oder ein wirtschaftliches Ziel zu erreichen.

In England wurde aus Courtoisie *politeness*, also Geschliffenheit, Blankpoliertes, reiner Schein, kein Hauch von innerem Wert.

So schillernd war es von Anfang an mit der Höflichkeit, und so ist es geblieben, denn beides stimmt. Für beide Erscheinungen der Höflichkeit lassen sich aus Literatur und eigener Erfahrung zahllose treffliche Beispiele finden. Knigges braver Hausvater steht immer noch gegen die Hofschranze, beide tragen nur andere Fräcke.

Immer wird und kann Höflichkeit als Hilfsmittel

zum Erfolg benutzt und dann als Spiegelfechterei, als Schein definiert werden. Der Kaufmann raspelt Süßholz, bis er seine Ladenhüter losgeworden ist. Die Verkäuferin flüstert: »Das Kleid steht Ihnen ausgezeichnet, es macht Sie schlank und jung!« Der Makler katzbuckelt und dienert, bis er seine Kunden über den Tisch gezogen hat, und wenn er dann nach Hause kommt, prügelt er seine Kinder und nennt seine Frau ein Dreckstück.

Und Frauen säuseln um alte Männer, Arbeitgeber oder sonst etwas herum. Sie lesen ihm die Wünsche von den Augen ab, stellen ihm den Wein kalt und die Suppe warm, bis er ihnen sein Vermögen vererbt, überschreibt oder schenkt, und lassen ihn dann in Einsamkeit verrecken.

Es gibt unterdessen Dutzende von Benimmfibeln, die Höflichkeit und andere äußere Ordnungsformen einer Gesellschaft lehren. Dass man sich, wenn man erfolgreich sein möchte, die Zähne putzt und unter den Armen wäscht, um nicht aus dem Munde oder nach Schweiß zu riechen. Dass man mit sauberem Hemd und geputzten Schuhen das Haus verlässt, mit geschrubbten Fingernägeln und einem anständigen Stofftaschentuch. Dass man sich den ganzen Tag zurückhaltend und rücksichtsvoll benimmt und bei Tisch und vor unbekannten Gerichten erstmal vorsichtig guckt, wie es der Gastgeber macht, damit einem nicht wie in »Pretty Woman« die Schnecken durch die Luft fliegen.

ÄUSSERLICHKEITEN ALS LEHR- UND LERNSTOFF

Und wie steht es mit Immanuel Kant und seiner Vermutung, dass höfliches Benehmen nicht nur etwas Nützliches und Berechenbares bewirkt, sondern auch etwas in dem Höflichkeit Ausübenden auslöst und damit auch wieder bei dem, der höflich behandelt wurde – aber nicht nur im Nützlichkeits-, sondern im moralischen Sinn?

Das gibt es auch, und das hat nicht nur Kant erhofft, das hofft vermutlich jeder, der höflich ist.

Wenn ich mit meinem Kind höflich umgehe, wenn ich ihm durchs eigene Beispiel und durch den einen oder anderen Satz Höflichkeit vorzumachen versuche, so will ich nicht drillen, will keinen kleinen Lackaffen aus ihm machen, der tadellos auf das Codewort »Handibussi« jedem – sicher auch ohne genau hinzuschauen seinem Hund – einen Hand- oder Pfotenkuss gibt, sondern ich möchte, dass in diesem Kind ein freundliches Herz aufwacht. Dass es ein Gewissen anderen gegenüber bekommt, dass in ihm kein Hochmut nagt, dass es begreift, wie dankbar wir alle für das sein müssen, was uns gewährt wird.

Ich möchte, dass es zu unserer Zugehfrau nicht nur deshalb höflich ist, weil sie seinen Dreck wegputzt, sondern dass es ihre Arbeit und sie selber achtet. Ich möchte, dass Moral und Manieren einander bedingen, dass im Kant'schen Sinn das Gute das Höfliche hervorbringt.

Und dann ist eigentlich alles ganz leicht. Wenn ich auf diesen moralischen Boden gründe, kann ich Höflichkeit locker als Mittel nutzen, ohne moralische Bedenken zu hegen oder mich mit einem schlechten Gewissen belasten zu müssen. Ich kann Höflichkeit zudem als Schutz verwenden, denn sie erlaubt mir, mit Leuten, die ich nicht ausstehen kann oder die ich verachte, gesittet und zivilisiert umzugehen.

Denn Höflichkeit ist ein Mittel zu der Distanz, die wir in unserem Gedränge sehr nötig haben.

Und Höflichkeit ist schließlich eine Herzenssache, hat mit Takt so viel wie mit Liebe zu tun. Das berühmte Beispiel von der nackten Wahrheit, die ich mit Höflichkeit verschleiere und dadurch, wie viele meinen, aus der Höflichkeit einen Betrug, eine Lüge mache, beruht auf einem Irrtum. Was nützt es der Wahrheit, wenn Herr X zu Frau Y sagt: » Mein Gott, was sehen Sie heute früh aber schlecht aus!«

Ob es nun Frau Y wirklich schlecht geht oder ob das Licht im Stiegenhaus so dämmrig ist, sie geht mit dem Gefühl zur Arbeit, elend auszusehen. Sie wird sich elend fühlen. Sie wird alles Missliche darauf zurückführen, dass jeder wie Herr X denkt: »Was siehst du elend aus!« Sie traut sich nichts zu – kurz, es kann ein Katastrophentag werden.

Ist das höflich? Barmherzig? Zuvorkommend?

Der Gegensatz zur nackten Wahrheit ist in dieser Situation nicht die Lüge, sondern die Vermeidung der Herz- und Taktlosigkeit.

Wenn aber die Höflichkeit als Lüge missbraucht

wird, hat sie ihren Sinn verloren, weil beide – der Höfliche wie sein Adressat – beim ersten Wort merken, dass hier geschwindelt wird. Sicher gibt es Situationen, in denen dieser Austausch von Wörtern, die nichts bedeuten, wie ein Spiel vonstatten geht, ein Spiel, von dessen Regeln und dessen Leere beide wissen. Was also müsste dazukommen? Wie kann sich aus der Höflichkeit ein allgemeines Verhalten entwickeln, eine Umgangsform, die von vielen akzeptiert werden könnte? Von Radfahrern, die dem Fußgänger auf seiner schmalen Spur den Weg abschneiden? Von Autobesitzern, die bei Rot über die Kreuzung fahren und, wenn eine Fußgängerin etwas sagt, »Alte Zicke!« zu ihr zurückrufen? Von den Messebesuchern, die einem die Schwingtür ins Gesicht knallen lassen, nachdem sie sich selber vorgedrängelt haben? Von den Schülern auf Klassenreise, die wie eine Hammelherde mit ihrem Megagepäck in den Gängen des Zuges stehen und nicht daran denken, Platz zu machen? »Das geht nicht!«, sagen sie träge, und ihr Lehrer sagt: »Das ist nicht meine Sache. Wenn Sie durch wollen, müssen Sie es den Jungen schon selber sagen.« Von den Rucksackträgern, die sich ohne Warnung umdrehen und damit ihren Hintermann von den Füßen fegen?

Immer wieder die gleiche Situation, die gleiche Frage: Was kann man tun? Das haben sich in den letzten Jahrzehnten viele gefragt, und weil ihnen keiner geholfen hat, weil sie auf keine Konvention gestoßen sind, auf nichts Zuverlässiges, auf nichts

Allgemeinbefolgtes, haben sie eine Art Hausordnung für die eigenen, beschränkten Lebenskreise aufgestellt.

FÜR DIE FIRMA FIT IN FORM

Zu denen, die sich selbst geholfen haben, gehören vor allem Firmen, die aus rein merkantilen Gründen eine Philosophie, wie es ihre Werbestrategen nennen, entwerfen, vor allem für diejenigen, die verkaufen sollen und wollen.

Das führt zu der prinzipiellen Frage: Gibt es Sonderformen des Benehmens? In diesem Fall: der Wirtschaft, des Handels, der Industrie? Verhalten sich Herr und Knecht, Herrschaft und Untertan, Arbeitgeber und Arbeitnehmer anders zueinander, wenn die direkte Bindung und Beziehung fehlt, wenn nicht mehr jeder den anderen kennt?

Wenn zudem in der überschaubaren Gruppe nicht mehr die Älteren die Maßstäbe setzen und in jedem Augenblick geprüft werden kann, ob die Prinzipien befolgt werden und befolgt werden können, also zeitgemäß sind. Wenn vor allem durch die Anonymität und die Arbeitsmechanismen den Älteren die einst so umstrittene Autorität genommen wird, weil sie gar nicht mehr nötig ist.

Und schließlich: Gibt es Unterschiede zwischen den Regeln, die Männer, und jenen, die Frauen zu befolgen haben? Wieder ein Blick zurück in die

Zeit, in der die Großstädte entstanden, alte Traditionen zerbrachen, sich alte Zusammenhänge auflösten, in der die Arbeitswelt modern wurde und neue Zusammenhänge bedingte, in der sich das Büroleben entwickelte.

Büroarbeit ist jung, Teamarbeit auch, sie ist etwa hundert Jahre alt, und sie war reine Männerarbeit. In Goethes Schreibstube, in den Hofkanzleien, Geheimkabinetten und in den Comptoirs der Kaufleute war kein Platz für Frauen. Sie hatten in der vorindustriellen Gesellschaft anderes und wichtigeres zu tun. Das reichte vom Kinderkriegen und in einer Zeit noch ohne allgemeine Schulpflicht vom Erziehen bis zum Haushalten im weitesten Sinne. Sie waren die Hüterinnen und die Lehrerinnen der Sitten und Gebräuche, die Zeit und Raum strukturierten.

Für die Entwicklung zu unserem heutigen Berufsleben mit seinen Konventionen und Umgangsformen ist nun die Geschichte der ersten Frauen symptomatisch, die in der Bank von England arbeiten durften.

Frauenarbeit hatte in England vor allem in der Textilindustrie und der Kleiderkonfektion zwischen 1880 und 1900 erheblich zugenommen, nämlich um 40 bis 60 Prozent, weitaus stärker als im Deutschen Reich. Dies waren die Jahrzehnte, in denen »das ganze Haus« endgültig als Produktionseinheit überflüssig wurde und sich damit auch die Familie und die so selbstverständlich wie die Atemluft akzeptierten Lebensregeln aufzulösen begannen. Die Arbeit fand nicht mehr auf dem eigenen Hof, unter dem eigenen Dach, sondern an anderen Orten statt. Das nahm den Familienmitgliedern die Identität, brachte die bisher übliche gesellschaftliche Ordnung und damit die der Verhaltensformen ins Wanken und machte aus tätigen Menschen Erwerbstätige, Berufstätige, ohne soziale Sicherung und oft auch ohne moralischen Halt.

Sicher trugen die Zerstörung der bisherigen Lebensordnung und die frauenfeindliche Prüderie der wilhelminischen Ära mit dazu bei, dass Männer in Frauen eher Objekte als Gefährtinnen oder Partner im Privaten und Öffentlichen sahen. Im England der Königin Victoria erhoben sich die Suffragetten mit männlichem Zorn, männlichem Mut und männlicher Tapferkeit, die sie auch brauchten, um Erniedrigung, Hohn und Gefängnis ertragen zu können. Sie kündigten damit auch radikal die traditionellen Umgangsformen auf.

Die Familie also erlebte die ersten vernichtenden Attacken, dafür stiegen die Familienausgaben, denn erstens musste von denen, die zu Tausenden von Dörfern in die Städte strömten, eine Wohnung oder ein Zimmer gemietet und zweitens das, was früher im Hause hergestellt worden war, gekauft werden. Das reichte vom Brot bis zum Gewand.

Zum ersten Mal mussten Mädchen und Frauen zum Familienunterhalt nicht nur durch die unbezahlte eigene Tätigkeit auf dem Hof, sondern durch Lohnarbeit beitragen. Sie mussten Geld verdienen. Das war eine ungeheure Umstellung, und in jedem

Land gab es spezielle Schwierigkeiten, auch in den bürgerlichen Schichten, wie es die Geschichte der Frauen in der Bank von England zeigt.

Denn sie waren Angehörige der gebildeten Klasse, die nun gleichwohl gezwungen wurden, für ihren eigenen Unterhalt aufzukommen. Die ehrwürdige Bank hatte bisher noch niemals Frauen zur Arbeit zugelassen, sah sich nun aber dazu verlockt, weil sie es nicht hatte vermeiden können, den Männern beträchtliche Gehaltserhöhungen zuzugestehen. Dadurch waren diese, selbst männliche Lehrlinge, für gewisse mechanische Arbeiten zu teuer, und da man in diesem Fall nicht auf die bewährte Methode, Kinder als billige Lohnsklaven auszunutzen, zurückgreifen konnte, öffnete man 1893 die Pforten den zweitbilligsten Arbeitskräften, den jungen Frauen.

HAUSORDNUNG FÜR FRAUEN

Ihre Arbeit: aus dem Verkehr gezogene Banknoten sortieren und deren Nummern notieren. Für diese eher stumpfsinnige Arbeit wurde ein *Ladies Department* für zuerst zwei, dann für weitere vierundzwanzig Frauen eingerichtet, das streng von den männlichen Angestellten abgeteilt und so angelegt war, dass sich die Geschlechter nicht einmal auf Fluren und Treppen begegnen oder gar miteinander unterhalten konnten. Die Frage anderer Umgangsformen für diese unerhörte Situation erübrigte sich also, wurde nur durch Formvorschriften für den Umgang mit der Firma, also mit einer Hausordnung für die Ladies ersetzt. Denn die Arbeit war durch Bedingungen geregelt. Sie besagten: weniger Geld, als es die männlichen Lehrlinge bekommen hätten, und keine Chance auf Gehaltserhöhung oder Beförderung. Die Bewerberinnen mussten eine Prüfung in Handschrift, Rechtschreibung und Rechnen ablegen, durften nicht jünger als achtzehn und nicht älter als achtundzwanzig sein. Drei Viertel wurden von der Bankdirektion vorgeschlagen, ein Viertel sollten Töchter von Bankangestellten sein. Es meldeten sich bei der ersten Bewerbung für die letzten sechs offenen Stellen fünfhundert Mädchen und Frauen. Die beiden ersten Angestellten hatten in Cambridge und Oxford studiert und ihre Abschlussprüfung mit Auszeichnung hingelegt.

In dieser Gruppe der überqualifizierten Sortiererinnen tauchten sofort wie in einem Lehrbuch alle Probleme auf, die Medizin und Psychologie bis heute beschäftigen. Die Frauen waren geschickter und schneller als die Männer, aber nicht imstande, ihr hohes Dauertempo für kurze Zeit noch weiter zu steigern. Sie machten weniger Fehler, aber sie klagten über das, was wir heute Stress nennen. Sie nahmen die Fortbildungsangebote der Bank nicht wahr, die abends, nach dem Achtstundentag der Sechstagewoche stattgefunden hätten, weil zu Hause die nächste, die eigentliche Arbeit auf sie wartete. Sie waren häufiger krank. Sie litten unter Sehbeschwerden und unter einer sogenannten Schreibkrampf-Epidemie, eine Folge der Monotonie dieser Arbeit, die den Männern nie länger als zwei Jahre zugemutet worden war. Dazu kam der schon erwähnte geringe Verdienst nicht nur für gleiche, sondern für mehr Arbeit, da die Frauen auch ohne Akkord etwa zehn Prozent mehr schafften. Die klassischen Schreiber in den Anwaltskanzleien, in den Ämtern und Betrieben waren jedoch noch Männer, die voll Stolz und Standesdünkel zwar nicht mehr den Gänsekiel, aber die Stahl- oder Glasfeder schwangen, und natürlich dem technischen Fortschritt, der sie arbeitslos zu machen drohte, feindselig gegenüberstanden.

So wandten sich die ersten Hersteller von Schreibmaschinen – zu denen übrigens auch Frauen gehörten – in den USA an die Frauen, an ihre manuelle Geschicklichkeit, an ihre flinke Auffassungsgabe, ihre Handfertigkeit in einfachen mechanischen Bezügen. Das waren die ersten alltäglichen Tugenden der neuen, der Maschinenzeit, und die ersten Werbebilder zeigten hübsche junge Frauen wie Engel an Schreibmaschinen, und die ersten Berichte über Sehnenscheidenentzündungen, schon in den Achtzigerjahren, erwähnen Tippfräulein.

Vom Sekretär zur Sekretärin. Vom mit der Hand schreibenden Mitarbeiter zum Bedienungspersonal einer Maschine. Auch in der Bank von England hatte man bald den Nutzen der Schreibmaschine erkannt, denn die Zahl der zu schreibenden Briefe begann sich natürlich mit dem Aufschwung der Industrie zu vertausendfachen. So gingen die Herren des Vorstands vorsichtige dreißig oder vierzig Jahre nach dem amerikanischen Start in die neue Technik daran, dem *Ladies Department* anzubieten, nach einer zweijährigen Probezeit in sieben Jahren ihre guten Tippfähigkeiten zu beweisen, sodass sie also nach einem knappen Jahrzehnt die Chance hatten, fest angestellt zu werden. Außerdem lockerte man 1905 zum ersten Mal die totale Geschlechtertrennung und gestattete zwei sittlich zuverlässigen und nicht allzu hässlichen Frauen, sich in die allgemeine Herren-Bankwelt, falls es sich als unumgänglich notwendig erweisen sollte, zu begeben. Eine der beiden Frauen, die als Erste eingestellt worden waren – Oxford-Absolventin, drei Sprachen, Philosophiediplom –, schrieb später in ihren Erinnerungen: »Was sind das für Aussichten für ein aufgewecktes, intelligentes Mädchen, das eingestellt wurde, um Routinetätigkeiten zu verrichten, die vorher Jünglingen überlassen worden waren, die gerade erst die Schule verlassen hatten … Die jungen Frauen und die Mädchen sind mit mehr Eifer und Begeisterung bei der Sache, als je ein junger Mann zeigen würde. Aber die Schwierigkeiten fangen an, wenn die Mädchen älter werden und immer noch die Arbeit von Anfängern machen müssen. Sie werden zu Maschinen. Ihre Arbeit füllt sie nicht aus. Sie haben Zeit, ihren eigenen Gedanken nachzuhängen, sehr niederdrückenden Gedanken …«

Diese Hauptschwierigkeit, nämlich die Konkurrenz zwischen Frau und Mann in einer nur von Männern entworfenen und bestimmten Berufswelt, blieb lange verdeckt, wurde möglichst auch nie als soziales und moralisches Problem thematisiert. In London kamen Männer und Frauen gar nicht zusammen. In England und Deutschland und überall sonst waren die Arbeitstage mit ihren neun bis zehn Stunden im Übrigen so lang, dass weder Frauen noch Männer Manieren hätten zeigen können. Sie strebten nach Feierabend nur noch nach Hause.

Und in den Büros gab es Büroordnungen, viktorianisch oder preußisch streng. Das Verhalten war geregelt wie auf einem Kasernenhof und in dieser Form ein Spiegel der damaligen Zeit.

Es herrschte Pünktlichkeit, tiefes Schweigen, ständige Tätigkeit. Jeder sah und kontrollierte jeden, in jeder Hinsicht. Je größer die Büroräume wurden, je mehr die Entwicklung zum Großraumbüro tendierte, desto schärfer trat der Gegensatz zwischen räumlicher Nähe und sozialer Distanz auf. Die anderen wurden noch keine Kollegen, sie blieben unbekannt. Man grüßte sich nicht, was in vielen Büros die Regel war. Man musste sich also gar nicht benehmen im Sinne von: zueinander verhalten, es entstand vielmehr die Notwendigkeit, sich abzuschotten, um sich in der Anonymität zu schützen. Der karge Umgang mit und der Kontakt zu anderen wurden oft durch Aushänge mit Verhaltensvorschriften zwischen Untergebenen und Übergeordneten geregelt. Ein paar Beispiele aus deutschen Betrieben der Kaiserzeit:

– Privatunterhaltungen während der Dienstzeit sind prinzipiell unerwünscht.
– Der jeweilige Erste Buchhalter hat für die allgemeine Ordnung Sorge zu tragen und das pünktliche Erscheinen der Angestellten zu kontrollieren.
– Das laute Rufen von einem Platz zum anderen ist ungebührlich und deshalb verboten.
– Das Betreten der Räume für den Vorstand und für den Aufsichtsrat ist auf das unbedingt Notwendige zu beschränken und ein weiterer Aufenthalt daselbst sowie das Durchsehen und Berühren von Schriftstücken, welche sich etwa in diesen Räumen befinden, untersagt.
– Jeder Ressortbeamte hat seine Ressortarbeiten zu erfüllen und darf ohne Erlaubnis des Chefs bzw. Direktors niemals einem anderen Ressortbeamten helfen.
– Die Beamten haben sich in den Räumen so zu bewegen, wie es eines angesehenen Betriebes geziemt. Das Herumstehen ist ungebührlich und deshalb verboten. Hat ein Angestellter ein geschäftliches Anliegen – nur ein solches darf in Betracht kommen – an einen anderen, so hat er ruhig an dessen Pult zu treten, die Angelegenheit zu ordnen und ebenso ruhig an seinen Platz zurückzukehren.

Diese Zeit ist vorbei, aber sie wirkt nach. Sie wirkt bei Männern nach, die von Vätern und Großvätern, von Chefs und Vorgesetzten Haltungen und Halbsätze übernehmen, ohne darüber nachzudenken.

Sie wirkt in Kolleginnen nach, die von Müttern und Großmüttern und älteren Kolleginnen Anpassungshaltungen und vorsichtige Sätze übernehmen, ohne darüber nachzudenken. So entwickeln sich Formen auch aus Ängstlichkeit, aus Hilflosigkeit unter einem leeren Himmel, an dem kein Stern steht und die Richtung anzeigt. Formen, umrankt vom Zeitdekor, begleitet von Vorurteilen.

An ihnen kann man nicht nur die menschliche Lust an Vorschriften ablesen, die innige Befriedigung, zu denen zu gehören, die Vorschriften erteilen können, man erkennt auch das Fragmentarische, das solchen Versuchen anhaften muss.

Trotzdem haben sich solche Vorschriften immer wiederholt, beschränkten sich nicht nur auf Haus-, Schul- und Büroordnungen, sondern dehnten sich auch auf größere Gruppen aus.

DIE SUCHE NACH EINEM KANON

Je größer ein Defizit an gutem Benehmen und verlässlichen Regeln ist, je lauter und öfter der Ruf ertönt: »So geht das nicht weiter«, desto eher und bereitwilliger finden sich Menschen zusammen, die nicht nur dagegen fragen: »Warum soll ich das denn übernehmen? Wozu zahl ich denn Steuern?«, sondern die Privatinitiative ergreifen, eine der fast vergessenen kleinen Alltagstugenden.

Da wurde zum Beispiel Anfang der Neunzigerjahre im Lande Bremen das gute Benehmen zum Unterrichtsfach ernannt. Sogenannte Benimm-Bausteine wurden so in den Unterricht von der ersten bis zur sechsten Klasse eingesetzt, dass ein »Ende der Unhöflichkeit« heraufziehen sollte.

Die Bausteine hießen: Pünktlichkeit, Achtung vor dem Nächsten, ausreden lassen und Sauberkeit. Außerdem sollten die Schüler angemessen gekleidet sein, ordentlich grüßen und Disziplin halten. In Hannover schloss eine Stadtteilbibliothek einen regelrechten Vertrag mit Eltern und Lehrern der Umgebung über den Umgang mit Büchern, der automatisch die anderen kleinen Tugenden wie Ordnung, Sauberkeit, Pünktlichkeit, Vorsicht und Umsicht einschloss.

In Kassel hatte eine Lehrerin in einem Heft zusammengefasst, was für ihre Schulkinder »als Beginn der Beschäftigung« mit dem Thema Manieren verstanden werden sollte. Auch sie folgte der Notwendigkeit und suchte in der Öffentlichkeit und Allgemeinheit der Literatur die Übereinstimmung mit dem eigenen Formenangebot. Nach dem alten Motto: nicht für die Schule, sondern für das Leben lernen wir, gab sie zu den folgenden Punkten nur Stichworte grundsätzlicher und beispielgebender Natur: grüßen und sich vorstellen; telefonieren, Essen und die Gier; die Toilette; Naseputzen, husten, gähnen, niesen; Öffentliches und Privates, Rücksichtnahme und Sichbedanken; ausleihen, Gesprächsregeln; Pünktlichkeit und Ordnung; die

Entschuldigung, Lärm, Zurückhaltung und die Tür. Und in all ihren Kapiteln mahnt die Lehrerin immer wieder, leise, langsam, wahr zu sein, »friedlich und freundlich«.

In Hamburg waren es die Schüler selbst, die respektvoller und freundlicher miteinander umgehen wollten. Siebenhundert Jungen und Mädchen entwarfen sich Regeln, jeder Schüler schloss mit der Schule einen Vertrag, der durch Selbstkontrolle gewahrt wird.

Dies sind die Vertragspunkte, sieben wichtige Regeln samt dem jeweiligen »Was ist das?«:

1. Ich verhalte mich Kindern und Erwachsenen gegenüber respektvoll und freundlich. Ich unterstütze meine Kollegen und Mitschüler. Ich bitte höflich, wenn ich einen Lehrer sprechen will. Ich grüße und sage »Bitte« und »Danke«.
2. Ich halte meine Schule sauber.
   a) Ich mache nichts absichtlich kaputt oder schmutzig.
   b) Ich werfe den Müll in den Mülleimer.
   c) Ich spucke nicht.
   d) Ich hinterlasse die Toiletten sauber.
3. Ich bleibe während der Unterrichtszeit und in den Pausen auf dem Schulgelände.
4. Ich rauche nicht auf dem Schulgelände.
5. Ich bin im Schulgebäude leise. Ich renne, tobe und springe nur auf dem Hof.
6. Ich komme pünktlich zum Unterricht.
7. Mein Handy ist in der Schule nicht zu sehen und zu hören.

Auf ähnliche Art und Weise haben sich schätzungsweise achtzig weitere Hamburger Schulen dazu entschlossen, Ordnungskataloge in gemeinsamer Arbeit zu formulieren und auch dafür zu sorgen, dass die Regeln eingehalten werden.

In einer Hamburger Privatschule hängt die wahrscheinlich kürzeste Hausordnung an der Wand der vierten Klasse, ebenfalls sieben Punkte unter der Überschrift »Miteinander reden«:

- Bitte und Danke sagen.
- Trost spenden.
- Loben.
- Andere ausreden lassen.
- Sich nicht lustig machen.
- Um Entschuldigung bitten.
- Keine Schimpfwörter benutzen.

Man entdeckt bei diesen Listen Übereinstimmungen, man spürt aber auch, wie das Private, das häusliche Umfeld, das Verhalten der Eltern bei der Formulierung dieser Regeln mit eine Rolle gespielt haben.

Diese letzte kurze Liste ist im Benimm-Unterricht der Klassen drei, vier und sechs entstanden, mit Hilfe und auf Anregung der Lehrerin, die sich so über das »unmögliche« Benehmen geärgert hatte, dass sie in den Sommerferien einen Themenplan entwarf und dafür in den Hamburger Öffentlichen Bücherhallen, wie in der Hansestadt die öffentlichen Bibliotheken heißen, recherchierte.

Dieser letzte Punkt ist fast das Wichtigste am ganzen Unternehmen. Die Lehrerin hat die eigene Erfahrung und Beobachtung mit der allgemeinen Meinung verglichen, hat die größtmögliche Übereinstimmung gesucht. Sie wollte kein elitäres Schulverhalten begründen, sondern den Kindern zeigen, wie und dass und warum Anstand und Sitte beachtet werden sollten, und ihre Hoffnung wird sich mit der von Immanuel Kant decken: Gut handeln macht gut.

Im Hamburger Lehrerverband hat man gerade an diesen Punkt angesetzt und im Zusammenhang mit der PISA-Studie festgestellt, dass Kinder schlechter lernen, wenn und weil sie sich in Prügel- und Schrei- und Spuckschulen nicht wohlfühlen. Also fordern Lehrer, Pädagogen und der Kinderschutzbund zwar auch mehr höfliches Miteinander und Rücksichtnahme, aber sie sagen gleichzeitig: »Was sollen wir antworten, wenn die Jugendlichen fragen: Was hab ich denn davon, wenn ich mich gut = anständig benehme? Sie sehen an uns Erwachsenen, dass wir mitleidig über diejenigen lächeln, die sich treu und brav an geltende Regeln halten, seien das nun die Straßenverkehrsordnung oder die Steuergesetze.«

Nicht nur Schulen in Deutschland, sondern Institutionen und Gruppen auf der ganzen Welt verlangen nach Ordnung und Regeln.

Diese Forderungen fallen natürlich vordergründiger und oberflächlicher aus, weil sie keine zahlenden Kunden oder kein Wahlvolk verärgern sollen. Wenn sie trotzdem wie ein Ruf in der Wüste erschallen, so zeigen sie an, wie groß das Defizit an einer bestimmten Stelle geworden ist.

Da sind die Opernhäuser und die Theater, die in ihren Premieren nur noch Herren im dunklen Anzug mit Krawatte sehen möchten, die Damenbekleidung soll »im Einklang mit dem guten Ton des Theaters« stehen, was freilich etwas riskant ist, wenn man an moderne Regisseure und ihre Liebe zur Fäkalkulisse denkt. In der Garderobe mancher Spielcasinos kann sich der T-Shirt-Herr ein Jackett leihen, und in deutschen und französischen Edelrestaurants gibt es eine Leih-Krawatte. Sonst muss der Typ ohne Schlips wieder nach Hause gehen oder zur nächsten Würstchenbude.

Präziser ist die neue Kleiderordnung, die der Moskauer Bürgermeister ausgeschrieben hat. Sie gilt für Journalisten, die über protokollarische Ereignisse im Rathaus berichten. Erstens sollten sie sauber sein, keine kurzen Hosen und Badelatschen tragen, keine zu tiefen Dekolletés zeigen, auch die Männer nicht, bei denen man nicht die Brusthaare herausquellen sehen soll. Im Übrigen keine Netzhemden und Schmuddeljeans und im Restaurant auf jeden Fall ein Jackett.

In Peking wird gar nicht erst gebeten, sondern befohlen, besonders bei Reisen ins Ausland das Spucken, Rülpsen und Lärmen zu unterlassen, und jeder elfte Tag eines Monats wird in einer freiwilligen Aktion zum Tag des Schlangestehens ernannt. Keine Drängelei, kein Chaos, keine körperliche Gewalt, sondern daran denken: »Es ist zivilisiert, anzustehen; es ist glorreich, höflich zu sein.«

Diesen letzten Satz möchten auch Touristenländer wie Griechenland oder die Slowakei zum Motto machen. Die billigen Reiseangebote beim einen und der billige Bierpreis beim anderen bringen ihnen eine Klientel, deren Benehmen dem Ballermann-Stil auf Mallorca ähnelt.

Aus demselben London, das die Billigsäufer in die Fremde entlässt, kommen höchst zivile, praktikable Benimm-Regeln für das 21. Jahrhundert, von der Redaktion der Frauenzeitschrift »Good Housekeeping« formuliert, um den Leserinnen zu helfen, »die Herausforderungen der heutigen Zeit mit Takt und Rücksicht zu bewältigen«.

Die Regeln sind kunterbunt zusammengestellt und entsprechen dem Verhalten der Käuferschicht einer Zeitschrift, die seit über hundert Jahren auf Ratgeber-Themen für Karrierefrauen, Hausfrauen und Gastgeberinnen spezialisiert ist. Zum Umgang mit Männern und Küssen wird geraten:

– Flirte nie im Beisein deines Partners mit anderen Männern.
– Küss nie deinen Chef oder andere, mit denen du eine professionelle Beziehung hast.
– Küsse auf den Mund sind nur für deinen Partner reserviert.
– Wenn du Lipgloss trägst, übe dich in der Kunst der Luftküsse.

– Knurre nie einen Mann an, der dir seinen Sitzplatz anbietet.
– Zeige deine Dankbarkeit, wenn ein Mann dir die Tür öffnet.

Zum Party-Benehmen gibt es folgende Hinweise:

– Serviere nie Essen mit Zutaten, die in der letzten Zeit negative Schlagzeilen gemacht haben.
– Futterneid ist unattraktiv.
– Bestell das Steak mit Sauce Béarnaise, wenn dir danach ist, und nicht den Salat ohne Dressing.
– Männer hassen es, wenn an ihren Gerichten herumgepickt wird.
– Geh zum Rauchen nach draußen.
– Komm bei Partys nie zu früh.
– Streite im Restaurant nie um die Rechnung.

Zum Leben in der Öffentlichkeit:

– Ein G-String sollte nie über dem Hosenbund blitzen.
– Komm zum Yoga-Kurs nie zu spät.
– Wisch die Maschinen im Fitnessstudio am Ende immer mit deinem Handtuch ab.
– Lass die Geschäfte deines Hundes nie auf der Straße liegen.
– Lies nie die E-Mails oder SMS anderer.

In New York versucht der Bürgermeister, das Telefonieren mit dem Mobiltelefon zu reglementieren, das in Deutschland den Phantasienamen Handy bekam. Relativ alt ist sein Verbot bei öffentlichen Aufführungen in Kinos, Kirchen, Theatern und Konzerthallen, in Bibliotheken, Museen, Kunstgalerien und während einer Beerdigung oder Vorlesung, aber neu ist die Idee, denjenigen mit einer hohen Geldstrafe zu belegen, der diese Regeln nicht beachtet.

Da geht's bei uns noch lässiger zu. Auf die Frage eines Reporters an Angela Merkel, ob sie verbiete, in bestimmten Koalitionsausschusssitzungen das Handy dabeizuhaben, antwortete die Bundeskanzlerin: »Ach, das hat ja doch keinen Sinn. Dann gehen die Leute doch aufs Klo und schreiben da 'ne SMS. Wir sind ja nicht im Kindergarten …«

Dazu passt die Schlussbemerkung des aus England nach Deutschland zurückgekehrten Journalistenkollegen über die Höflichkeitserziehung im Kindergarten: »… dort lernen sie von Anfang an Höflichkeit. Das können wir gar nicht mehr einholen.« Dort lernen Kinder etwas ebenso Wichtiges, sie lernen zu diskutieren, sich überlegt und diszipliniert in logischen Sätzen miteinander zu streiten, sich auseinanderzusetzen, um wieder zusammenzukommen.

Das ist wahre Zivilisation, und wenn Kinder schon nicht in der Schule oder Hochschule Debattierclubs beitreten können, so gibt es keinen Grund, diese Kunst der freien Rede und der höflichen Selbstbehauptung nicht daheim zu üben. Ein Freund bittet jeden Sonntag ein Mitglied der Tischrunde – Großvater, zufälliger Besuch, Kinder, Ehefrau, Enkel und so weiter –, eine Rede zu halten. Tischrede, Damenrede, Festrede, Bericht über das, was jemanden besonders beschäftigt, sei es Reise, Buch oder Arbeit. Und da manche Reden kritisch sind, gibt es Antworten, die schon durch die Anwesenheit anderer allgemeinverständlicher und gesitteter als üblich sein müssen. So lernen selbst Kinder die Kunst, dem andern zuzuhören und auf ihn einzugehen.

Das lernt kein Mensch mit Knigge-Kursen, Benimm-Schulen, Weekends mit Weinkunde, mit Menüplanung, »eleganten Bewegungsabläufen« und »Protokollfragen«, die eher als Etikettefragen bezeichnet werden sollten, weil das Protokoll etwas ganz anderes ist.

Was also? Immer ist das Verlangen nach etwas da, das uns nicht nur anständig erscheinen, sondern anständig sein lässt. Aber es ist nicht das Verlangen aller, weil Anstand den Verzicht auf passive Genüsse bedeutet. *Anything goes* – alles ist möglich, die Devise einer Gesellschaft, die nicht spüren und nicht gesagt bekommen möchte, dass dieses *anything* ebenso unfrei macht, dass es im übertragenen Sinn so knebelnd ist wie die Ideologien der totalitären Staaten.

Immer der Zwang zur Wahl. Will ich mich gehen lassen, treiben lassen und nach mir die Sintflut? Oder halte ich inne, wenn ich den Satz des Konfuzius lese, des chinesischen Philosophen aus dem fünften Jahrhundert vor Christus: »Es gibt Dinge, die ein Mensch tun kann, und Dinge, die ein

Mensch nicht tun kann.« Welch wunderbare Gewissheit! Konfuzius brauchte die Dinge gar nicht zu benennen. Alle kannten sie.

Und wir? Wir sind uns selbst überlassen. Unsere »Dinge« und Zwänge haben mit Wirtschaft und Bürokratie ebenso viel zu tun wie mit Ethik und der Erinnerung an die Schuld und Schande des vergangenen Jahrhunderts, gerade weil sich alle in Europa so sehr bemühen, das Gespräch auf andere Themen zu bringen. Wir sind uns mit diesen Erinnerungen selbst überlassen. Jeder muss sich so wie die Schulklassen in Hamburg und Kassel und Bremen und sicher an vielen anderen Orten entscheiden, welche Dinge ein Mensch tun kann und welche nicht.

Das ist eine merkwürdige Vorstellung: ein paar Kinder und ein paar Erwachsene, die im Sturm der Zeit stehen und freundlich sagen: So soll es sein. So wollen wir es haben. Dies ist unsere Konvention.

MOSES UND DER BLICK NACH VORN

Auch das ist Konvention, und so wird es in der Bibel erzählt.

Moses kam nach langer Zeit vom Berg herab, auf dem ihm Gott die Gesetzestafeln mit den Geboten gegeben hatte.

Das Erste: Ich bin der Herr dein Gott, du sollst keine anderen Götter neben mir haben. Doch als

Moses wieder bei seinem Volk war, hatte es sich aus den Ohrringen der Männer und Frauen ein Goldenes Kalb gegossen und tanzte um diesen Abgott herum. Aber Moses und die zehn Gebote des wahren Gottes waren stärker. So steht es im Alten Testament, und diese Geschichte geschieht immer wieder. Vielleicht können wir in unserer Verlassenheit immer wieder Hoffnung schöpfen, weil die Erinnerung an die zehn Gebote auf den Gesetzestafeln nicht ganz vergangen ist. Sicher kann der besser widerstehen, der über das luthersche Wort »Ein feste Burg ist unser Gott« nicht lächelt.

Aber auch wer nicht an diese Geschichten aus uralter Zeit glaubt, besitzt mit diesen Sätzen ein gutes, praktikables und allgemein ethisches Lebensgerüst:

Du sollst Vater und Mutter ehren.

Du sollst nicht töten, ehebrechen und stehlen, du sollst nicht falsch Zeugnis reden wider deinen Nächsten, du sollst nicht begehren deines Nächsten Weib noch alles, was sein ist. Das reicht für Politiker aller Länder, reicht für wie auch immer zusammengesetzte Familien, Autofahrer, *Global Player*, Teenager, Leute aus der Lebensmittel- und Arzneimittelindustrie, Fußballer und Manager.

Mit diesen Geboten samt demjenigen, das die Sonntagsruhe fordert und nicht nur aufs Rasenmähen zu beziehen ist, kann man heute vortrefflich leben und arbeiten. Aber ganz gewiss hilft es keinem, wenn man an Formen und »Dinge« aus alter Zeit unbedacht anknüpft.

Früher gab es zum Beispiel den Begriff und die Sache Vaterhaus. Ob das ein Bauernhaus war, ein Handelshaus, ein Schloss, das ist gleichgültig. Es war der Ort, an dem eine Generation eine Weile lebte und von der anderen abgelöst wurde. Gerümpel kam auf den Dachboden oder wurde verheizt, aber der Tisch blieb mitten in der Stube stehen. Im Kasten lagen die Leinentücher, vielleicht von einer Tante, von einer Bäuerin im Ausgedinge mit roten Kreuzstichmustern bestickt. »Oh sieh doch! Wie schön!«, sagt dann ein oder zwei Generationen später eine Enkelin und legt das Leinentuch wieder auf den Tisch. Und im Flur stehen die Stiefel, hängen die Wettermäntel und bleiben hängen, bis man sie wirklich nicht mehr tragen kann. An den Wänden Bilder, von denen keiner mehr weiß, wer sie aufgehängt hat, wen sie darstellen. Im Stubeneck ein Kruzifix, auf einem Brett neben der Haustür die Fausthandschuhe, das Messbuch oder das Gesangbuch, der Regenschirm, bis die Motten in die Wolle und die Mäuse an den Schirmstoff geraten. Und irgendwo ein Strickzeug, das nie zu Ende gebracht worden war. Von ungelenker Hand ein paar Reihen weitergestrickt und dann wieder beiseitegelegt. Es wartet darauf, dass jemand danach greift. Weiterstrickt. Weitermacht. Sich zusammenhält und sich nicht anstellt.

Solche Vaterhäuser gibt es nicht mehr viele. Aber sie sind wie ein Bild der Tradition, und deshalb hilft mir der Blick ins Vaterhaus. Was halte ich für Gerümpel? Was fehlt mir? Und sollte ich nicht die verbeulten Emailtöpfe in der Küche durch neue ersetzen, aber ordentliche solide, die uns wieder eine Zeit lang dienen?

Das Vaterhaus nicht als weltfernes Idyll, nicht als Fluchtpunkt aus einer Gegenwart heraus, die unerträglich oder unverständlich zu sein scheint. Das Vaterhaus vielmehr als ein Bewusstsein, wie wir mitten im Wandel stehen, auch als Unbehauste, als Vaterlose. Gleichzeitig geborgen in der Tradition der Familie, in ihrer Umwelt, und dennoch frei, in dieser Tradition zu verharren oder aufzunehmen, was das Leben draußen, die neuen Moden, die sich ständig verändernde Gesellschaft zu bieten haben. Kindern täte so ein Vaterhaus gut.

Kinder in der Wiege entfalten sich zwar nicht wie unschuldige Blüten, wie es die Romantik erträumte, sondern sie haben ihre ganz eigenen Gesetze und Ansprüche. Aber sie nehmen erst mal nur auf, und selbst wenn das schweigende Geheimnis der Babys heute mit komplizierten Geräten gelöst werden soll, so beantwortet jeder Wissenschaftler, jede Mutter die Frage nach dieser Aufnahmefähigkeit und ihren Folgen anders.

Mache ich, wenn ich ein Baby freundlich und respektvoll behandle, ein Kind aus ihm, das anderen und mir Respekt entgegenbringt? Und was heißt in diesem Fall respektvoll? Respekt heißt Rücksicht. Und Rücksicht, Umsicht, bedeutet in diesem Fall: darauf achten, was das Baby braucht. Sieh von dir ab, sieh auch von den modernen oder ideologischen Ideen deiner Zeit ab. Sei dir bewusst, dass ein Kind, auch wenn es noch nicht sprechen kann, hört und sieht.

Wer ein Kind haben möchte, das anständig und gesittet durchs Leben geht, braucht sich selbst nur anständig und gesittet zu benehmen. Nichts prägt sich so tief ein wie das ständige Beispiel. Wörter in einem bestimmten Ton, Gesten, Lächeln oder grobe Griffe, Stirnrunzeln, eine schrille Stimme oder der ruhige Klang der Liebe, Gelassenheit.

Tagaus, tagein, jahraus, jahrein bildet sich dieser wortlose Kanon. Regelmäßigkeiten entstehen, die Welt gewinnt für das Kind eine zuverlässige Form.

Es gibt Schlüsselbilder. Eins, das ich vor Jahrzehnten sah und nie vergessen habe: ein Familienfest. Ein kleines Mädchen, das Hand in Hand mit dem Großvater dastand. Sie fragte etwas, er verstand es nicht. Ich habe vergessen, ob er altersschwerhörig oder der allgemeine Gesprächslärm so laut war. Er zog das Kind jedenfalls aus dem Gedränge heraus, kniete sich in seinem dunklen Anzug mit der Uhrkette an der Weste nieder, und die beiden unterhielten sich eine Weile auf gleicher Höhe. Dann machte er Anstalten, sich zu erheben. Das Kind musterte ihn aufmerksam, hörte, dass ihm die Knochen knackten, und sagte: »Warte, Großpapa, ich helfe dir.« Und der alte Mann ließ sich so helfen, wie das Kind meinte, ihm helfen zu können. Das war ein fast vollendeter Start in ein von Respekt und Anstand geprägtes Leben.

Eine zweite Szene. Weihnachten. Zwei Brüder, etwa drei und vier Jahre alt, bekamen vom Onkel Plastiklaster mit Kippladeflächen geschenkt, saßen auf dem Boden, beluden ihre Laster unermüdlich mit hölzernen Bauklötzen, um sie gleich darauf mit gehörigem Gepolter wieder auszukippen. Der Jüngere zum Älteren: »Gib mir bitte den roten Bauklotz!«

»Nein«, antwortete der Bruder.

»Gib mir bitte den roten Bauklotz«, wiederholte der Kleine, und die Mutter, die auf dem Flur vorüberging, blieb staunend stehen. »Bitte hat er gesagt, also wirklich!«

Der Bruder aber wiederholte sein »Nein!«

Da nahm der Kleine den Lastwagen und schlug ihm den Großen auf den Kopf.

Das ist das ewige Bild des Menschen auf dem Weg zu den Sternen. Er kennt diesen Weg zwar genau, kennt auch alle Hinweistafeln, aber es klappt nicht gleich. Und auch in allen Märchen versagt der Held zweimal, ehe er beim dritten Mal die Königstochter gewinnt. Und sie ist, wie jeder psychologisch einigermaßen Halbgebildete weiß, der Lohn und Preis für all die Verzichte und Mühseligkeiten.

Nehmen wir nun an, das kleine Mädchen und die beiden Buben werden wie das Hänschen klein aus der Familie in die weite Welt hinein entlassen. Zu den anderen unbekannten Kindern und Hunden im Park, zu den Nachbarskindern auf der Straße, später zu den Altersgenossen in der Schule. Jetzt wird geschubst und getreten, gespuckt und geprügelt. Jetzt spielen Shoppen und Klamotten, Fernsehen, CD- oder MP3-Player, Handys und andere elektronische Geräte eine immer stärkere Rolle. Die Sprache verkümmert, ehe sie sich entfalten kann, und wenn es im Leben eines Kindes keine Gegenbilder gibt, keine Menschen, die ihm in aller Ruhe zeigen, dass es auch anders geht, so haben Anstand, Moral und guter Ton einen schweren Stand, besonders wenn unterdessen aus dem Kind ein Jugendlicher geworden ist, der sich »unmöglich« benimmt.

Es ist immer die ältere Generation, die ihre Kinder zu umgänglichen Menschen macht oder die sie moralisch verwahrlosen lässt, die sich feig oder erschöpft oder dumm aus der Kampfzone zurückzieht und sagt: »Was wollen Sie denn? *Anything goes*, oder?« Und wenn das Kind, das sie – auch vor vollen Töpfen und in gebügelten T-Shirts – im Stich gelassen haben, einer alten Frau die Geldbörse geklaut hat oder eine Kiste voll Gewaltpornos oder einen Vorrat an Hasch angesammelt hat: »Davon hab ich nichts gemerkt! Das kann mein Kind nicht getan haben.«

Manchmal entwickelt sich nach einem Vortrag eine Diskussion. Ich habe in der letzten Zeit sehr oft, wenn ich das gemeinsame Mittagessen der Familie erwähnte, zur Antwort bekommen: »Aber wo denken Sie denn hin? Es gibt kein gemeinsames Mittagessen an einem Tisch mehr! Mittags holt sich das Kind, das aus der Schule kommt, irgendeine Packung aus dem Kühlschrank oder hat schon Pommes oder einen Mac auf dem Heimweg gegessen, und abends stelle ich was in die Mikrowelle, und jeder geht damit in sein Zimmer zum Fernsehen.«

Menschen, die sich nur noch vor dem Kühlschrank begegnen. Es ist heutzutage schwerer denn je, zu leben, Familie zu haben und von ihr etwas zu haben, und es gibt tausend Gründe, warum »alles eben nicht anders geht«, aber man sollte es dennoch versuchen.

Weil jeder Erziehende Verantwortung für die Seinen besitzt. Weil jeder Erziehende nur dann glaubwürdig ist, wenn er nicht weicht und nicht wankt und das, was er für moralisch und sittlich richtig hält, nicht aus Schwäche verrät. Und man sollte es versuchen, weil es eine Freude ist oder mit etwas Mühe werden kann, mit seinen Kindern an einem anständig gedeckten Tisch zu sitzen und das Essen zu genießen und sich mit ihnen zu unterhalten.

Als ich ein kleines Mädchen war, hieß es: »Kinder haben bei Tisch den Mund zu halten. Sitz still und warte, bis man dich etwas fragt.«

Damals bin ich gefragt worden, das heißt: Meine Erwachsenen waren höflich und liebevoll und neugierig genug, mich erzählen zu lassen, und sie hatten ja auch etwas davon. Sie wussten dann, was in meiner Welt los war. Sie lernten meine Freunde und Feinde kennen. Sie konnten sich entsprechend verhalten, loben, lindern, zur Einsicht bringen, sich mitfreuen.

Das ist ein Musterbeispiel für die Überprüfung

der Werte: Stillschweigen bei Tisch. Nur reden, wenn du gefragt wirst. Das klingt, so kurz und knapp gesagt, wie der reine Horror. Es hat aber bei weiser Verwendung und nach den Erfahrungen mit hemmungslos herumhampelnden und kreischenden Kindern seine Berechtigung. Es ist ein Moment im Kindertag, an dem eine Forderung zu erfüllen ist. An dem das Kind veranlasst wird, von sich selbst abzusehen, sich und seine Gefühle in die Gewalt zu bekommen, auf etwas zu verzichten.

Es ist zudem keine schlechte Vorübung für das sogenannte gute Benehmen. »Sitz still und halt den Mund!« Das heißt vielerlei, zum Beispiel: Sei still. Besinn dich auf dich selbst. Lass dich nicht ablenken. Sei aufmerksam auf das, was um dich herum geschieht. Halt nicht nur den Mund, sondern halte dich ganz und gar zusammen. Dann merkst du, dass du nicht allein auf der Welt, nicht allein am Tisch bist. Dann erkennst du vielleicht, wie schön der Tisch gedeckt ist, wie gut das Essen riecht und schmeckt. Dann fällt etwas von dir ab, vielleicht fühlst du dich freier, gelassener und kannst deine Suppe genießen, während du an das denkst, was du gleich erzählen willst.

An diesem Punkt nun muss man die alte Regel ändern. Kinder müssen irgendwann und irgendwie sagen können, was sie sagen wollen. Dazu ist der Schulalltag zu gewaltig. Sie müssen klagen, sie müssen sich vergewissern, was gut und was falsch oder böse ist. Sie müssen immer wieder erfahren und bestätigt bekommen, ob sie bei den Entscheidungen, die sie ja in der Schule ganz allein für sich haben fällen müssen, recht gehandelt haben und ob sie den Rückhalt der Familie besitzen, wenn andere finden, dass sie nicht recht gehandelt haben. Sie müssen freilich ertragen lernen, wenn ihre Erwachsenen ihnen sagen: Da hast du dich geirrt. Da hast du falsch gehandelt, bitte geh morgen zu deinem Klassenkameraden und bitte anständig um Entschuldigung.

Die Kinder werden schließlich merken, dass es nicht nur klare Entscheidungen gibt. Dass es schwer ist, zwischen gut und böse zu entscheiden. Dass die Erwachsenen verschiedene Ansichten über diese Entscheidungen haben und sich nicht immer einig werden. So begreifen die Kinder, dass sich Werte fortwährend wandeln. So spüren sie, dass sie unter Umständen inmitten höchst widersprüchlicher Wertsysteme vielleicht der Generationen oder der Herkünfte leben, sehen aber gleichzeitig, dass sich die Vertreter dieser Verschiedenheit ausgezeichnet vertragen können. Dass sie im wahrsten Sinn des Wortes an einem Tisch sitzen. Schließlich und wahrhaftig nicht als Letztes: Wo kann ein Kind besser sprechen, diskutieren, denken lernen als zwischen den Vertretern der verschiedenen Positionen, Altersgruppen, Temperamente? »Was hast du heute Mittag gegessen?«

»Pommes.«

»Das ist kein vollständiger Satz, und außerdem hast du keine Pommes gegessen.«

»Hab ich doch!«

»Wirklich? Hast du Äpfel gegessen?«

Schon hat ein Kind gelernt, wirklich aufmerksam zu sein. *La pomme* ist der Apfel. »Schlag's nach im Wörterbuch!«

La pomme de terre ist die Kartoffel, der Erdapfel. Pommes ist ein Wort aus der Schrumpfsprache, ein Missverständnis, ein grober Fehler, ebenso wie die PizzaHut, deren Firmenlogo ein Hütchen zeigt. *Hut* ist aber eine Hütte, eine Bude auf der Straße, in der früher – und vielleicht heute noch – die Pizzen in Neapel verkauft wurden.

Das sind keine Wortklaubereien. Das ist der Versuch, einem Kind das anständige Sprechen beizubringen und ihm zu zeigen, dass man auch den Wörtern Aufmerksamkeit schenken muss, die man benutzt, damit man präzise auszudrücken lernt, was man meint. Damit das Kind vielleicht ein bisschen nachdenkt, bevor es etwas sagt.

Vielleicht merken die Erwachsenen dabei, dass sie sich auch überlegen sollten, was sie sagen.

Bei Tisch geht es außerdem schon vor dem ersten Bissen um einen ganzen Eintopf voller kleiner Alltagstugenden:

– Da wäre die *Sauberkeit*. Hände waschen vor dem Essen. Warum? Sicher können das die Erwachsenen erklären.

– *Pünktlichkeit*. Warum? Weil sich jemand die Mühe gemacht hat, für dich zu kochen. Weil dieses Essen jetzt gar und fertig und angerichtet ist und gegessen werden sollte, ehe es kalt und manchmal scheußlich wird.

– *Umsicht*. Schau dich um. Ist alles parat? Fehlt

etwas? Servietten? Salznapf? Wassergläser? Der Blumenstrauß, den deine Schwester gerade eben für den Esstisch gepflückt und ins Wasser gestellt hat? Dann greif zu und hilf und mach.

– *Rücksicht.* Ja, dreh dich um, schau auch hinter dich. Braucht jemand Hilfe? Nimm dem kniekranken Vater den Stock ab. Schieb den Stuhl des kleinen Bruders dichter an den Tisch. Achte beim Essen darauf, ob jemand vielleicht den Brotkorb braucht oder das Wasser für seine Medizin.

– *Contenance.* Das ist die Haltung. Das Sich-Zusammennehmen. Man setzt sich also zusammengenommen auf seinen Stuhl, fest auf den Po, Rücken gerade, Kopf hoch. Man lässt sich nicht gehen, lässt nicht alle Glieder vom Stuhl baumeln, Beine breit, sodass unterm Tisch alles voller ausgefläzter Füße ist. Haltung gibt Halt. Wer über Contenance am Esstisch verfügt, kann ganz automatisch anständig essen. Er muss sich nicht krumm über den Teller beugen, schaufelt sein Essen nicht in sich hinein, schlabbert die Suppe nicht wie ein alter Hund, legt nicht den linken Arm quer vor sich, weil er sonst zusammensacken würde, stützt sich nicht auf den Ellbogen auf, sondern kann essen wie ein gesitteter Mensch. Er kann den Unterarm frei und sicher bewegen. Legt er dann noch die Serviette ordentlich auseinandergefaltet auf seinen Schoß, so ist er ein wahres Musterbild.

– *Zurückhaltung.* Das heißt: Warte, bis dir eine Schüssel oder Platte gereicht wird. Greif nicht als Erster zu. Greif nicht quer über den Tisch. Leg Messer, Gabel oder Löffel aus der Hand, wenn du nach etwas greifst. Schling nicht, es ist sicher noch genug in Terrine und Schüssel. Warte ab, wenn du den Teller geleert hast. Warte so lange, bis alle anderen mit ihrer ersten Portion fertig sind. Dann kannst du um die zweite Portion bitten. Füll dir nur selber nach, wenn dir Hausfrau/ Köchin/Vater/Gastgeber gesagt hat: »Nimm dir noch einen Löffel Kartoffelmus. Deine Bratwurst sieht so einsam aus!«

Und schließlich:

– *Qualitätsgefühl.* Das bezieht sich nicht nur auf die Güte der Nahrungsmittel, sondern auf die Verführungskraft der Fernsehwerbung. Wenn dort die Leute aus der Flasche trinken, wenn sie sogar die Flasche auf den Esstisch stellen, so hat das nichts mit Stil zu tun, sondern nur mit Geld. Die Getränkehersteller wollen immer mehr Flaschengetränke verkaufen, deshalb zeigen sie, wo sie nur können, junge strahlende Menschen, die aus Flaschen trinken. Das kann man beim Picknick tun, wenn man die Becher vergessen hat, aber Glas und Tasse sind die Trinkgefäße, die unserer Tischkultur entsprechend entworfen worden sind und die im Lauf der Zeit die Formen bekommen haben, die wir heute benutzen.

Wir sind nun schon mitten im Essen. Darüber braucht ein Kind nicht viel Theoretisches zu wissen. Es sieht, wie seine Leute essen, und das ist Erklärung genug. Wenn es etwas Neues, Unbekanntes zu essen gibt, wird sicher jemand erklären, wie man damit umgeht.

Dem Kind ist vorderhand nur der eine Satz maßgeblich: Versuch so zu essen, dass du weder dich noch den Tisch, noch deinen Nachbarn bekleckerst.

Die Tischnachbarn. Ihre Summe ergibt die Geselligkeit, und deshalb ist es erstrebenswert, dass die Tischgesellschaft nicht nur aus Mutter und Kind besteht, sondern sich – vielleicht Samstag- oder Sonntagmittag oder an allen Tagen abends – mehrere zusammenfinden. Alle, die von der Arbeit heimgekehrt sind. Vielleicht der eine oder andere Schulfreund. Eine Nachbarin oder Großeltern, die in der Nähe wohnen. Leute, an denen das Kind seine Freude hat, Leute, vor denen es sich vielleicht fürchtet oder die es nicht mag. Aber es ist diesen nicht allein ausgeliefert. Es befindet sich im Schoß der Familie. Es sieht, wie sich die Erwachsenen zueinander verhalten, wie sie miteinander umgehen, und übt die eigene Höflichkeit an ihnen. Es lernt weiter, wie man mit denen umgeht, die man nicht unbedingt liebt, lernt also, seine Gefühle zu beherrschen, seine Sprache zu mäßigen, aber auch sein Urteil zu überprüfen.

FAMILIE ALS PROBEBÜHNE

Die Familie ist immer die Probebühne fürs Leben. Die Kulissen mögen sich ändern, die Personen dieses Dramas tragen wahrscheinlich andere Kleider, aber die Notwendigkeit bleibt, sich selbst im Griff zu haben, wenn man die Sache mit Anstand bewältigen will. Wer mit der Familie höflich und redlich umzugehen gelernt hat, ist gefeit vor den Verwahrlosungen unseres Alltags.

Denn das wartet auf das Kindergarten- und Schulkind, auf den jungen Menschen, der sein Elternhaus verlässt. Wie chaotisch, versponnen, verzankt oder idyllisch es auch gewesen sein mag, es war seine Familie, seine Prägeanstalt. Dort hat er die ersten Umgangs- und Verhaltensformen seines Lebens gesehen und sich zu eigen gemacht. So wie er zu Hause Messer und Gabel gehalten hat, wie und ob er einen Dankesbrief geschrieben hat oder ob er Höflichkeit als Quatsch und Weicheiigkeit empfindet oder nicht – alles hat dort seinen Ursprung, und das alles zusammen ergibt seine Welt, seine Wertewelt.

Dass die Regeln dieser Welt nicht für alle an allen Orten gelten, ist ein Kulturschock für jeden. Man meint, wenn man dieselbe Sprache spricht, seien auch Gedanken, Meinungen und Anstandsformen gleich, aber man entdeckt, dass man nicht einmal dieselbe Sprache spricht.

Man kann es sich nicht aussuchen, in welcher Gesellschaft man aufwächst, ob in der »Hei-Du«-

Gesellschaft oder in der Handkuss-Gesellschaft, ob in der – wie Ausländer sagen – drängeligen und rücksichtslosen Hauptstadt. Ob einst in einem freundlichen Nest, in dem jeder stehen blieb, wenn er ein fremdes Gesicht sah und nach dem Woher und Wohin fragte. Oder heute in einem modernen Dorf, in dem kein Hahn mehr kräht und die Straßen so leer sind wie im Mittelalter nach der Pest.

Welche Art des Anstands gilt nun einigermaßen verbindlich für diese und die vielen anderen Parallelgesellschaften, aus denen wir kommen, zu denen wir überwechseln, in denen wir arbeiten? Gibt es ein Gemeinsames, das für alle gilt? Oder doch für so viele, dass man sich darauf verlassen kann? Dessen Gesten und Codes und geheime Zeichen man so versteht, dass man sich dazugehörig fühlen kann?

Das lässt sich an ein paar Stichworten überprüfen.

Bitte und Danke. Das sind die sogenannten Zauberwörter, wie sie von Kindergärtnerinnen und anderen Erziehern genannt werden. Aber auch ohne diesen pädagogischen Zuckerguss ist die Fähigkeit, höflich um etwas zu bitten und sich – falls es man es bekommen hat, was ja keineswegs selbstverständlich ist – anständig zu bedanken, international und fast in allen Generationen und Zeiten gültig.

Bitte und Dank zähmen den Menschen. Erinnern ihn wieder daran, dass ihm nicht die ganze Welt gehört, und sei es auch nur die Welt von anderthalb Zimmern. Sein Recht, sein Besitz grenzen an andere, und wenn diese etwas geben und abgeben sollen, so muss ich darum höflich bitten und soll es als freundliche, liebenswürdige Gabe respektieren lernen.

Die *Rücksichtnahme* ist ebenfalls etwas, das auf der ganzen Welt seinen Wert besitzt.

Der Rücksichtsvolle stürzt nicht aus dem Haus, ohne sich zu vergewissern, wer draußen friedlich vor sich hingeht. Er wartet, schaut sich aufmerksam um, lässt den anderen vorübergehen und rennt ihn nicht um.

Das bedeutet stets: Zeit für Höflichkeit einplanen. Sicher, manchmal muss man sausen, und manchmal ist man auch durch die Hetze anderer so genervt, dass man flucht, statt sich in Höflichkeit zu retten.

Aber das Prinzip lautet: genug Zeit haben. Dann kann man jemandem höflich den Vortritt lassen. Dann muss man nicht drängeln, sich in der Schlange nicht vormogeln, außer man ist so jemand wie meine Großmutter, für die es ein Sport war, sich nicht an die Spitze der Schlange zu mogeln, sondern im Gegenteil von allen bereitwillig vorgelassen zu werden. Sie erschuf sich die Höflichkeit der Schlangensteher, lächelte sie an, und schon lagen sie ihr zu Füßen und waren noch dankbar, dass sie ihr helfen konnten.

Es gibt immer Ausnahmen, Spielarten der Regeln, die jedoch nur zeigen, welche Kraft ihnen innewohnt.

Diese Rücksichtnahme sollte allen gewährt sein.

Dazu eine Momentaufnahme: eine fremde Stadt. Regnerisches Wetter. Nacht. Ich war zu einem gesetzten Essen mit vielen Personen eingeladen, die meisten davon sogenannte VIPs. Nach dem Essen bat ich, eine Taxe bestellt zu bekommen. »Aber das ist doch gar nicht nötig!«, sagte die Gastgeberin, »da ist Frau X, die bricht auch gerade auf und fährt in Ihre Richtung.«

Frau X, die meine Tochter hätte sein können, warf mir einen gleichgültigen Blick zu. »In welchem Hotel wohnen Sie? Ja, das geht. Ich nehme noch einen anderen Fahrgast mit, der hat dasselbe Ziel.«

Also hinaus ins regnerische Dunkel durch eine Art Park mit Hecken und Stufen ohne Geländer und Beleuchtung. Der andere Fahrgast ging im Gespräch mit der jungen Frau X voraus, beide kannten offenbar den Weg zum Parkplatz, der hinter weiteren Hecken und Treppen und rutschigen Plattenwegen lag. Ich tappte etwas ängstlich hinter den beiden her. Irgendwann blieben sie stehen, und Frau X fragte ungeduldig: »Wo bleiben Sie denn?«

Ja, wo blieb ich? Am Kopf der letzten Treppe mit wackeligen Stufen. Ich streckte hilfesuchend die Hand aus, aber Frau X und Begleitung hatten sich schon umgedreht und standen auf dem Parkplatz im Gespräch mit einem anderen Gast, der gerade sein Auto aufschloss, dabei aufblickte, mich aus dem Dunklen auftauchen sah und meinen Namen rief: »Ach, wie schön, dass wir uns hier noch einmal sehen.«

Sofort wurde ich untergehakt, die letzten paar

Schritte wie die Kaiserin von China zum Auto geführt und – »Sitzen Sie so auch bequem? Soll ich den Sitz weiter vorstellen?« und so weiter – vor meinem Hotel fast die Treppe hinaufgetragen.

Was war das nun? Gleichgültigkeit? Schlechtes Benehmen? Rüde Haltung einer Profi, für die nur als Gesprächspartner taugt, wer mindestens so VIP-mäßig ist wie sie und ihr Begleiter?

Ganz sicher keine böse, also beleidigende Absicht, aber eine Unhöflichkeit, die mich hätte kränken können, die mir auf jeden Fall diese Szene ins Gedächtnis gesenkt hat. Eine kleine, alltägliche Unhöflichkeit als Folge der Tatsache, dass wir zu zahlreich sind, dass es deshalb keine Gesellschaft mehr gibt, in der man sich kennt, eine Gesellschaft, in der jeder jedem bekannt ist und infolgedessen nicht wie ein Niemand behandelt wird.

Als unsere Söhne im Vorschulalter waren, spielten sie mit anderen Nachbarkindern, darunter der Sohn unseres Lebensmittelhändlers. Bei irgendeiner Gelegenheit benahm sich dieser Junge so engelhaft zuvorkommend und höflich, dass mir eine erstaunte Bemerkung entfuhr.

»Ja«, antwortete das Kind, »mein Vater sagt immer: Sei zu allen höflich. Sie könnten unsre Kunden sein.«

Das wäre eine höchst praktische, flächendeckende Rücksichtnahme. Sie umfasst alles, auch das, was nach Ladenschluss passiert.

Rücksicht ist eine Alltagstugend, eine Jedermannstugend. Rücksicht nimmt ein Busfahrer, der seine Tür noch einmal aufzischen lässt, wenn sie sich einem Fahrgast vor der Nase geschlossen hat. Der auf einen Gehbehinderten wartet. Der auch Cents annimmt und nicht sagt: »Das ist kein Geld!«

Rücksicht nimmt ein Fahrgast, der seine Einkaufstüten oder seinen Rucksack nicht auf dem Nachbarsitz deponiert und dann beleidigt ist, wenn jemand um diesen Platz bittet.

Rücksicht nimmt eine Stadt wie Wien auf die Fahrgäste in der Tram, in der per Durchsage die bereits Sitzenden gebeten werden, sich umzuschauen, ob sie nicht jemandem ihren Platz anbieten könnten, der »den Platz mehr braucht als Sie«!

Rücksicht nimmt ein Nachbar, der friedlich das Laub vom Baum des Nebengartens zusammenharkt und keinen Rechtsstreit daraus macht. Rücksicht nimmt jeder, der von sich absieht und an den anderen denkt. Der Lohn dieses Verzichts: Freundlichkeit beim anderen (meistens) und eigene Seelenruhe (auf jeden Fall). Denn ein Streit zum Beispiel um Laub vom Nachbarbaum kostet Zeit und Geld und krampft mein Herz und das des Nachbarn vor Ärger zusammen.

BARMHERZIGKEIT UND BÜRGERPFLICHTEN

Rücksichtnahme ist Höflichkeit, höfliche Rücksicht ist global, ist zeitlos und lässt sich, außer in den christlichen sieben Werken der Barmherzigkeit, nicht in Regeln fassen. Aber diese alten Regeln haben die Welt von gestern vielleicht eher daran erinnert, wie sehr jeder von der Rücksichtnahme der anderen, die damals noch Barmherzigkeit hieß, abhängig ist.

Die sieben Werke, zu denen jeder Christ verpflichtet war: die Hungrigen speisen, die Durstigen tränken, die Nackten bekleiden, Gefangene aufsuchen und Obdachlose beherbergen, die Kranken pflegen, die Toten bestatten.

Dazu hört man heute oft: Das seien ja alles »Werke«, derentwegen wir Steuern zahlen, damit sie der Staat für uns erledigt. So kann man es sehen, aber dann ist man nicht besser als diese anonyme Bürokratie.

Doch die Geschichte im nächtlichen Garten sagt noch etwas anderes. Die drei Personen kamen aus einer willkürlich zusammengestellten Gesellschaft. Sie kannten sich nicht richtig, und alles wäre vermutlich anders verlaufen, wenn sie jemand miteinander bekannt gemacht oder sie sich gegenseitig vorgestellt hätten.

Es war aber ein Moment, in dem zwei Möglichkeiten zusammenstießen: An einem öffentlichen Ort, und eine große Gesellschaft kann man eben als einen solchen verstehen, kann man sich anschweigen, und es geht den anderen nichts an, wer ich bin. Das wäre auch so im Wartezimmer des Arztes, im Flugzeug, in der Bahn, im Foyer des Stadttheaters und an ähnlichen Lokalitäten.

Trifft man sich aber zum Beispiel bei der Elternversammlung in der Schule der Kinder oder an vergleichbaren Orten, die nicht mehr die zufällige Öffentlichkeit darstellen, sondern als Bühne für eine bestimmte Gruppe irgendwie Gleicher gelten, so kann man neugierig sein, wer denn der andere ist. Junge Leute starren bei solchen Gelegenheiten oft schweigend und scheinbar verkniffen vor sich hin, und wenn sie Hallo! murmeln, so lässt das schon auf einen Gefühlsausbruch schließen.

Kommt ein Neuer in eine Menschenansammlung, die sich jemand zur Pflege allgemeiner Geselligkeit eingeladen hat, so werfen ihm die längst einander Vertrauten häufig nur einen Blick zu, um ihm dann sofort wieder den Rücken zu kehren, wenn sie ihn nicht kennen. So steht der Fremde am Rande, und der Catering-Kellner ist der Einzige, der wenigstens fragt: »Was möchten Sie trinken?« Aus dieser Einsamkeit erlöst den Neuankömmling derjenige, der ihn vorstellt, vor die anderen stellt und sagt: Seht mal – das ist der und der.

Vorstellen ist eine Kunst, die im Aussterben begriffen ist. Dabei sieht man an den Kindern, wonach der Mensch verlangt.

»Ich bin der Tom!« begrüßt ein Sechsjähriger den fremden Jungen, der an der Tür geklingelt hat,

»der kleine Bruder von Willi. Und du musst der Michel sein, denn Willi hat gesagt, nachher kommt der Michel vorbei.«

Die Mutter, die daneben stand und mithörte, war vollkommen perplex. »Ich hab ihm das nicht beigebracht«, sagte sie, »ich hoffe nur, dass er sich das nicht wieder austreiben lässt.« Natürlich hat sie es ihm beigebracht. Allerdings nicht mit »Du sollst« oder mit »Wenn er das tut, dann sagst du das und das«, sondern offenbar durch ähnliche überlegte Freundlichkeiten in allen Alltagslagen, die ihrem Sohn selbstverständlich machten, einem Fremden nicht nur den nackten Namen ins Gesicht zu knallen, sondern ihm irgendetwas zusätzlich anzubieten, das ihm ein erstes Bild von einer Person zu geben vermag.

DIE KUNST DES VORSTELLENS

Kein Gastgeber könnte es besser machen. Und hätte er lauter Gäste wie Tom, so könnte er sich auch blindlings darauf verlassen, dass sich diese einem neuen Gast selber zuwenden und bekannt machen. Denn oberhalb einer gewissen Gästezahl kann man nicht mehr vom Gastgeber erwarten, dass er wie ein Papagei unaufhörlich und immer wieder jeden jedem vorstellt. Form also als Hilfsmittel. Dazu kommt man nicht ohne Konventionen, und da der Mensch weder Halbgott noch Aufziehmaus ist, muss er Formen üben. Übung in der Kindheit ist der leichteste Weg zu dieser Haltung, die Ungeübte fälschlich als Selbstsicherheit einschätzen und deshalb oft fürchten oder verachten.

Dabei gibt es auch hier das wohlbekannte Nord-Süd-Gefälle. Wenn ich zum Beispiel in Begleitung von Sportsfreunden in nördlich gelegenen Bundesländern zum Duschen in den Damenumkleideraum ging, dann musste ich als Fremde und noch nicht Bekannte meine Angelegenheiten möglichst schweigend verrichten, sonst galt ich als aufdringlich.

Schickte ich mich dagegen im Süden in gewohnter Weise an, mich stumm zu putzen, so fragte sicher schon wer, eh ich zum Wasserhahn griff: »Ja Grüß Gott! Ich hab Sie ja hier noch nie gesehen! Ich bin die Soundso und wer sind Sie? Wo kommen Sie her?«

Legte ich selbst aber im Norden ein derartiges Verhalten an den Tag, wären die meisten sofort erschrocken und misstrauisch zurückgefahren. Was will denn die? Soll sie mir doch vom Leibe bleiben! Wieso will die wissen, wer ich bin? Will die etwa was von mir?

Üblicherweise stellt man sich auch nicht mehr den anderen vor, wenn man neu in ein Haus gezogen ist, sondern geht still aneinander vorbei.

»Um des Himmels willen! Ich will mit den Leuten ja nicht verkehren! Meine Freunde suche ich mir alleine aus!«

Welch ein Missverständnis. Keiner muss mit seinen Nachbarn täglich Kaffee trinken, wenn er ihm sagt: »Ich bin Franz Friedrich, und ich ziehe neben Ihnen ein. Wenn mein Radio mal zu laut ist, so sagen Sie es mir bitte!«

Mit diesem Franz Friedrich kann man friedlich weiter auf Distanz leben, doch man weiß wenigstens, wer er ist. Franz Friedrich erwartet gar nicht, deshalb schon zum Intimus zu werden. Und die Geheimnisse des Privatlebens der Schweiger bekommt man ohnehin mit, wenn man Wand an Wand lebt und nicht blind und taub ist.

Insgesamt ist beim Vorstellen mehr beim Alten geblieben, als man denkt. Das liegt wahrscheinlich in der Natur der Sache. Es gilt unverändert die höfliche, respektvolle Urregel: die Dame, der Würdige und Ältere, der Höhergestellte haben ihren Vorrang. Darüber kann man spotten, sich erregen, das kann man missachten, aber es hat sich im Laufe unseres Zivilisationsprozesses so geordnet.

Der Dame, dem Ehrengast, dem Vorgesetzten, wird zuerst gesagt, wer ich bin. Dann lächele ich liebenswürdig und bekomme gesagt oder meistens bestätigt, wem ich da vorgestellt worden bin. Schluss. Jetzt gehört der oder die Vorgestellte zur betreffenden Gesellschaft.

Zu dieser altbewährten Regel ist nun etwas dazugekommen, die zweite, die weibliche Hälfte der Gesellschaft hat als gleichberechtigt in die vorhandenen Regeln eingearbeitet werden müssen.

Aber die Sache beginnt anno dazumal. Einst, zur Zeit meiner Großeltern, wäre es unmöglich gewesen, wenn sich ein Herr einer Dame vorgestellt hätte. Und wenn er es getan und die Dame es akzeptiert hätte, wäre sie in den Augen der Gesellschaft keine Dame mehr gewesen.

Es musste also ein Dritter ins Spiel geholt werden. So näherte sich der Herr erst mal einem anderen und bat: »Sag mal, mein Bester, kannst du mich der Dame vorstellen?«

Ich weiß nicht, ob auf diesen rhetorischen Hilferuf je ein Freund mit Nein geantwortet hätte, aber auf jeden Fall fand die Vorstellung statt. Der Mann wird der Frau vorgestellt, damit sie weiß, mit wem sie es zu tun hat – was ihr die theoretische Möglichkeit gibt, sich der Sache zu entziehen, indem sie höflich, aber eisig lächelt und sich abwendet.

Praktisch wird sie höflich und zurückhaltend lächeln, zuhören, was der Dritte über den Vorgestellten vielleicht noch Erklärendes zu sagen hat, zuhören, wie der Dritte nun ihren Namen nennt. In beiden Fällen ohne Titel und ohne akademische Grade.

Dieser Dritte ist keine schlechte Erfindung gewesen. Er war auf jeden Fall ein Schutzengel der weiblichen Person. Frauen des vorigen Jahrhunderts waren noch nicht so selbstbewusst, und unsere Dame war vielleicht verlegen. Was sollte sie nur sagen? »Angenehm« auf keinen Fall. Das ist eine der schrecklichen falschen Redensarten, die sich genau deshalb ausgebreitet haben wie das Steppenfeuer, weil viele nicht wissen, was sie in diesem Moment sagen sollen.

Deshalb ein Hurra auf die dritte Person. Er kann, er sollte den Moment der verlegenen Sprachlosigkeit spüren und einspringen. Mag er plappern oder Unfug reden, das ist gleichgültig, es entspannt auf jeden Fall. Da kann man lachen, und schon hat der erste eigene Satz von ihm oder von ihr einen Haken erwischt, und das Gesprächsknäuel wickelt sich ab.

Gut. Die beiden sind nun im richtigen Fahrwasser. Die verkürzte moderne Vorstellung, eine Szene mit zwei Personen, läuft im Prinzip genauso ab. Es ist der Herr, der sich der Dame präsentiert, und da es ja einen Grund geben wird, weshalb er für diese Dame nicht mehr der namenlose Gewisse bleiben möchte, wird er das erklären. Schon haben die beiden ihre Gesprächsbasis. Also: »Darf ich mich Ihnen vorstellen? Ich bin Otto Müller. Wir haben vorgestern im Bus nebeneinander gesessen. Was für ein schöner Zufall, dass wir uns hier bei Dieters Geburtstag wiedersehen! Ich bin nämlich sein Schulfreund aus Wuppertal.«

Was hat man nach einer solchen Vorstellung nicht alles an Gesprächsstoffen zur Wahl: Bus, Wuppertal, Schwebebahn, Zufall, Geburtstag und so weiter, von Dieter ganz zu schweigen. Die dritte Form der Vorstellung, die früher vollkommen undenkbar war, ist heute so normal wie der Stau auf der Autobahn am Freitagnachmittag.

Frauen wie Männer nehmen ähnliche Positionen in der Gesellschaft, in Firmen und Ämtern ein. Man müsste es also folgendermaßen formulieren: Mensch macht sich mit Mensch bekannt. Der weibliche Mensch stellt sich also anderen Personen ebenso wie Otto Müller vor. Frau stellt sich jedenfalls Frau, Würdigeren und Höhergestellten vor. Ob sie sich auch einem Mann vorstellt, bleibt ihr überlassen. Aber es gibt manchmal dringliche Gründe, jemanden kennenzulernen, und man muss einfach wissen, dass man dazu die Freiheit besitzt.

Die Betreffende wartet also, wenn es sich um einen großen Menschenauflauf handelt, eine Gesprächspause ihrer Zielperson ab, tritt heran, lächelt, sagt ihren Namen ohne Titel und Grad, »Ich bin Lola Lindau …«, und fügt die Erklärung hinzu, die vom allgemeinen »… und wollte Sie immer schon kennenlernen« bis zu der speziellen Bemerkung »Wir treffen uns morgen im Seminar, und ich fände es schön, wenn wir heute schon ein paar Worte wechseln können!« reichen kann.

Japaner lassen in so einem Fall wie ein Zauberkünstler eine Visitenkarte zwischen den Fingern aufblitzen, eine Sitte, die sich auch hierzulande verbreitet hat. Nicht unpraktisch, denn im Getöse eines Empfangs oder einer Messe hat man den Namen garantiert nicht verstanden und kann ihn nun lesen. Ob der andere, dem sich der Visitenkartengeber vorgestellt hat, nun auch eine solche zückt, bleibt in dessen Belieben.

Ob ich als Frau jedem Mann, der sich mir vorstellt, ebenfalls mit Visitenkarte antworte, hängt von meiner Verbindung zu ihm ab. Wenn wir beide zum Beispiel gemeinsame Kollegen oder ein künftiges gemeinsames Projekt haben, krame ich auch die allerletzte Visitenkarte für ihn aus meiner Tasche. Wenn es aber ein Wildfremder ist, bleibt meine Visitenkarte im Taschenfach.

DAS RECHT, NEIN ZU SAGEN

Die gesellschaftliche Etikette hat für Frauen Symbole, Zeichen und Gesten parat, die es uns gestatten, auf Distanz zu gehen, uns in unseren privaten Schutzraum zurückzuziehen, Nein zu sagen ohne ein Wort, aber dennoch unmissverständlich. Diese Gesten sind kostbar und nützlich, und man sollte sie nicht verwerfen.

Nein sagen und ein Nein akzeptieren sollte auch eine Übung in frühester Kindheit sein. Wer mit Nein-Entscheidungen aufgewachsen ist, die verlässlich waren, die sich nicht wieder zum Vielleicht aufweichen ließen, der hat gewusst, womit er zu rechnen hatte. Ob er mit Gehorsam oder Trotz und Widerstand reagierte, ist in unserem Fall gleichgültig. Wichtig ist dagegen, dass er die Kämpfe um das Nein kennt. Wahrscheinlich ist, dass er später richtig Nein sagen kann.

»Nimm doch noch ein Stück Torte« –, aber er ist satt und will ohnehin nicht so viel Fettes und Süßes futtern.

»Kannst du mir dein Fahrrad leihen?« –, aber er weiß, dass der andere Fahrräder immer nur kaputt, wenn überhaupt zurückgibt.

»Liebst du mich?« –, aber sie tut ihm nur leid. Das endet, wenn's das Pech will, in einer Katastrophenehe. Wer sein Nein nicht geübt hat, endet mit der Unmöglichkeit, einem Kollegen oder Untergebenen zu sagen, was gemacht oder dass ihm gekündigt werden muss. In der Unmöglichkeit, sich das eigene Leben wirklich so einzurichten, wie man es möchte.

»Deine Rede sei Ja, Ja, Nein, Nein«, ist gar kein schlechter Satz aus der Bibel.

Zum Nein-Sagen gehört die Sache mit der *Entschuldigung*. Darum zu bitten, ordentlich und bußbereit, fällt dem Menschen schwer, und Kinder sagen gern: »Das war nicht ich, sondern der Zwerg, der unter der Badewanne wohnt.« Oder schlicht: »Die Tasse ist von allein runtergefallen.«

Erwachsene haben sich neuerdings eine Entschuldigungslücke zurechtgekratzt: *Betroffen* ist das Wort unserer Zeit. Alle Welt ist betroffen, vor allem Politiker, und das hätte uns längst misstrauisch machen müssen. Denn Politiker lieben Redensarten, hinter denen sie sozusagen erst einmal Luft schnappen und sich eine passende Antwort ausdenken können, ohne dass der Gesprächspartner sich muckst oder gar blitzschnell wieder zuschlägt.

Sagt allerdings einer: »Ich bin betroffen!«, so ist der andere erst recht betroffen, nämlich verblüfft und ganz ehrfürchtig. Wer hätte so viel Gefühl von jenem erwartet! Und schon tröstet man sich gegenseitig, und alles ist gut.

Der Trick bei der Betroffenheit ist, dass es der Betroffene dabei bewenden lassen kann. Für ihn ist es ideal. Er hat Gefühl gezeigt, Verletztheit, hat ungeweinte Tränen ahnen lassen, und schon ist der andere, der sich vielleicht zu Recht beklagt hat, der Angreifer geworden, der Grobian. Was der Betroffene eigentlich unterlassen oder verbrochen hat, ist dank der Betroffenheit im allgemeinen Gefühlsaufruhr verloren gegangen. Das ist ein leichtes und kurzes Spiel, äußerst praktisch dazu, denn behauptet man, betroffen zu sein, kann man es sich schenken, um Entschuldigung zu bitten.

Habe ich aber das Falsche getan, so muss ich um Entschuldigung bitten. Das ist unangenehm und fällt vielen schwer, aber man muss die Suppe auslöffeln, die man sich eingebrockt hat, wie mein Großvater zu sagen pflegte. Denkt man an die Zeit zurück, in der man ein Kind war und Großväter gleich nach dem lieben Gott kamen, so weiß man, wie schuldbewusste Kinder reagieren. Wenn sie nur ein Fitzelchen Hoffnung erspähen, sich aus der Sache herausmogeln zu können, ohne sich also die persönliche Schuld einzugestehen … Und es ist ja gar keine dramatische Schuld. Es sind diese kleinen, widerwärtigen Unzulänglichkeiten, die Schwächen, die lästigen Unehrlichkeiten, die Rücksichtslosigkeit, die man sich eingestehen muss.

Da benutzt ein Junge bedenkenlos des Bruders Buntstifte. Bittet er um Entschuldigung? Ach wo. Er dreht einfach den Spieß um und gibt – wie vielleicht alle Erwachsenen um ihn herum – dem anderen Kind die Schuld: »Pass auf, wohin du deine Buntstifte legst! Selbst dran schuld!«

Da stehen zwei Leute auf dem Gehweg, die Fahrräder quer zueinander. Kein Mensch kommt an ihnen vorbei. Bittet auch nur einer von beiden um Entschuldigung und rückt die Räder beiseite? Da könnte man lange warten. Sie fragen höchstens: »Is was, Tante?«

Weiß der Himmel, ob der Radler jemals lernt, was eine anständige Bitte um Entschuldigung ist. Das nuschelt man nicht flink beiseite – und aus. Das formuliere man korrekt, nicht einfach nur: »Ich entschuldige mich!«, denn das funktioniert gerade umgekehrt. Nicht der Rüpel befreit sich von seiner Schuld, sondern er muss den Geschädigten, Gekränkten darum bitten, dass dieser ihm die Last wieder von der Seele nimmt. »Ich bitte um Entschuldigung!« und dann muss er darauf warten, ob der andere seiner Bitte entspricht.

GELD, GEIZ UND GOETHE

Und wie steht es mit dem nächsten heiklen Kapitel, dem Geld?

Wer genug Geld besitzt, braucht bei keinem um Entschuldigung zu bitten. Wer genug Geld hat, für den gelten keine Regeln, heißt es. Er kann sich Politiker, Inseln, jedes Jahr eine neue Frau, von Flugzeug und ähnlichem ganz zu schweigen, leisten, auch moderne Sklaven weiblicher oder kindlicher Art. Das ist ein Extrem, mit dem sich ein Mensch vermutlich besser auseinandersetzen kann, wenn er schon gelernt hat, dass Neid und Gier, wie es sich für Todsünden gehört, die Seele zerfressen, und wie man voll Anstand Abstand vom Geld gewinnen kann. Wie immer lernt man gutes Benehmen durch Beispiele, die uns die Umwelt bietet.

Ein Kind verfolgt genau, was die Erwachsenen mit ihrem Geld machen. Was sie beim Shoppen ausgeben oder im Restaurant, ob sie etwas in den Klingelbeutel werfen und dem Bettler spendieren, ob sie Trinkgeld für Kellner, Schaffner, Müllmänner, den Friseur, die Hausangestellte und so weiter parat haben. Und wie sie es mit dem Taschengeld für ihre Kinder halten: geizig oder protzig.

Wenn das Kind heranwächst, so nimmt es immer wieder wahr, dass Geld der Maßstab einer Welt geworden ist, die sich über Konsumgüter definiert. Die Marke der Jeans oder der T-Shirts muss auf dem Kleidungsstück sichtbar sein, damit die andern wissen, was man sich oder was die Eltern sich leisten können. Die Wirtschaft hat sich diese Sucht zunutze gemacht und führt die willigen Endverbraucher, wie Menschen in diesem Sektor genannt werden, an der Leine. Kauf den Schal, den der und der Popstar oder die und die Illustriertenprinzessin trägt, dann bist du wer, dann gehörst du irgendwie zu den Schönen und Reichen.

Meine Großmutter sagte klipp und klar: »Wer sich sein ganzes Geld an den Leib hängt, ist unmoralisch und gewöhnlich.« Die alte Frau war nicht zu betrügen, und sie hatte auch keinen Anlass, diese Tatsache zu verschleiern. Es ist ja kein Geheimnis, dass Geld nichts ist als ein Mittel, Dinge zu erwerben. Weil man vieles aber mit Geld nicht kaufen kann, lässt sich der Mensch allzu gern einreden oder vorreden, dass man mit genug Geld etwas Besseres, Wichtigeres, etwas Anderes werden könne, glücklich zum Beispiel oder mächtig.

Der Umgang mit Geld ist im Prinzip einfach. Man muss froh und dankbar sein, dass und wenn man genug zum Leben hat. Darüber hinaus sollte man helfen, wenn man mit Geld helfen kann. Man sollte Kinder nie vergessen lassen, dass »Geld nicht aus dem Wasserhahn fließt«, sondern von jemandem verdient wird, also ein Gegenwert für eine Arbeit oder eine Leistung ist. Es ist schlechter Stil, mit Geld zu protzen. Auf jeden Fall sollte man nicht mit dem Geld angeben, das einem nicht gehört. Anständig ist das nicht, wenn Bürgermeister (oder Ministerpräsidenten) Krankenhäuser (oder Transrapidstrecken) bauen lassen, um ihr Prestige zu erhöhen, obwohl die Krankenhäuser (oder Transrapidstrecken) gar nicht gebraucht werden. Andere lassen Asphaltstraßen zu den Almen führen, auf denen sich lediglich die Kühe beim Almabtrieb die Haxen brechen. Man schlage nur die Zeitung auf, um diese Liste fortzusetzen.

Geld ist anonym, und es bleibt anonym, wenn es sich um unser Geld handelt, das als Steuern mit vollen Händen so zum Fenster hinausgeworfen wird, wie es die Beamten oder Ministerpräsidenten mit ihrem eigenen Geld niemals täten.

Das macht Schule. Weiß ein Student, dass er auf Kosten der Steuerzahler lebt? Dass sein Studienplatz je nach Fakultät vierzig- bis hunderttausend Euro kostet, pro Semester? Wie geht er mit diesem Geld der Allgemeinheit um? Wie bedanken sich Schulkinder, wenn die Eltern beispielsweise das Geld für einen neuen Anstrich der Klassen- und Waschräume gesammelt haben und nun alles hell und sauber strahlt? Sie bemalen und zerkratzen Tische und Wände – die Eltern seufzen nur, da könne man eben nichts machen.

Der Umgang mit dem Geld muss also geübt werden. Dazu gibt man Kindern Taschengeld. Am Umgang mit Geld enthüllt sich der Charakter, aber der muss erst mal lernen, dass man nicht stehlen darf, dass Gier den Charakter verdirbt. Deshalb muss man die alte Regel »Über Geld spricht man nicht!« missachten. Man soll nicht mit Besitz protzen, aber man muss über Geld sprechen.

Eltern müssen mit anderen im Kindergarten und in der Schule darüber einig werden, wie sie es mit dem Geld halten wollen, das sie ihren Kindern zur Verfügung stellen. Sie müssen sich nicht nur darüber einig werden, was sie erlauben und was sie aus welchen Gründen eingrenzen oder verbieten wollen, sie müssen auch darauf achten, dass die Kinder dies Gebot befolgen.

Das bedeutet wiederum: Sie müssen selber so viel Anstand besitzen, ihre eigene Regel zu befolgen und damit den Kindern das gute Beispiel geben. Über Geld muss man auch sprechen, weil sein Besitz nicht nur Sicherheit verleiht, sondern zugleich Verantwortung bedeutet. Am Umgang mit Geld zeigt sich auch des Lebens ernstes Führen, wie das Goethe in seinem Gedicht über die Eltern genannt hat. Man muss sich eingestehen, wie nützlich und wie notwendig Geld ist und wie leicht man der Herr des Geldes bleibt, wenn man den Begriff Ordnung richtig versteht und sich vom Geld nicht blenden lässt. Vor allem, wenn man mehr davon hat, als man tatsächlich braucht.

MODE MIT UND OHNE ELEGANZ

Wir sind beim Stichwort Mode. Was waren das für unschuldige, einfache Zeiten, als man von einem Ausschnitt sprach, der bei anständigen jungen Mädchen und Frauen keinesfalls zu tiefe Einblicke gewähren durfte? Als es in der Damenmode feste Begriffe wie Nachmittagskleid, Cocktailkleid oder Strandanzug gab. Heute gibt es kaum Grenzen, nicht einmal ein Mindestmaß für verwendete Stoffmengen.

Heute besteht das, was einstmals Badeanzug genannt wurde, oft nur noch aus zwei Bändern. Am oberen sind zwei Dreiecke für die Brustwarzen angenäht, am unteren findet sich eine Art Miniwindel, die sich zwischen den blanken Pobacken zu einem Strick verwuzelt, der eigentlich ziemlich kneifen muss. Doch selbst wenn keine Kleiderregel mehr gilt, so stimmt der Satz »Schönheit muss leiden!« anscheinend irgendwie immer.

Diese Nacktheit der Strandbekleidung scheint eine Art Leitmotiv für die weibliche Mode geworden zu sein. Busenfreiheit zeigt sich in der Mode, die mutige Models auf den internationalen Laufstegen vorführen und die an mageren Stars und Promis bei internationalen Anlässen, die man heute Events nennt, zur Schau gestellt wird und, weil über TV weltweit zu sehen, eine unvergleichliche Werbewirkung besitzt.

Diese Models kann man nach den alten Regeln des guten Tons nicht mehr als angezogen bezeichnen. Eher sind sie von irgendetwas, was den Modedesignern gerade in die Hände gefallen ist, locker bedeckt. Vielleicht hat man sie vorher mit Uhu besprüht, damit diese Tüll- und Seidentüchelchen an ihrem Leibe haften bleiben.

Was die Käuferinnen solcher Gewänder mit diesen und ihrem Busen machen, ist nicht unser Problem. Auch nicht die Frage: Wie wirkt diese Zurschaustellung sekundärer Geschlechtsmerkmale auf Männer? Eine bestimmte Kleidung macht nicht nur Huren am Straßenrand, sondern auch Damen auf dem Partyparkett zu Lockvögeln nicht ohne Risiko.

Wie soll sich ein Zuschauer in einer solchen entblößten Situation verhalten? Wenn er dem blanken

Busen auf einer Party begegnet, so fordert es der Takt, dass er den Zustand hinnimmt, ohne mit der Wimper zu zucken. Und das tun viele ohne Bedenken, weil diese Mode schließlich in Mode ist. Vielleicht sollte man etwas Vernunft dagegensetzen. Wenn ein Mann vergisst, sich nach dem Gang zur Toilette zuzuknöpfen oder zuzuzippen, setzt man ihn nicht ungeschützt der Lächerlichkeit aus. Meine Großmutter sagte in einem solchen Fall in ihrem altmodischen Englisch: »Mein Herr, Sie haben *open house*!«

Und wenn sie den Betreffenden nicht so gut kannte, um diesen Satz anzubringen, so zupfte sie meinen Großvater am Ärmel, damit er seinem Geschlechtsgenossen etwas vermutlich vollkommen Unumwundenes sagen konnte.

Warum rettet man also eine Frau nicht auch mit einer ähnlichen Bemerkung davor, sich und ihren Busen zum hämischen oder neidischen Gespött zu machen. Wäre das nicht ein Akt der Höflichkeit?

Die Sache mit der blanken Brust ist weniger ein Mode- oder Frauenthema und auch kein kosmetisches Problem. Es ist vor allem das Thema der Manipulierbarkeit von Menschen, die blindlings und gierig nach dem greifen, was sie in Einklang mit allem irgendwie Übergeordneten und allgemein Gebilligten zu bringen verspricht.

»Ja eben«, höre ich bei dieser oder bei ähnlichen Gelegenheiten junge Menschen sagen, »so werden wir abhängig gemacht. Das ist der Konsumterror. Das kann man halt nicht ändern.« Und zucken die

Achseln und machen mit bei Sachen, die sie unanständig oder albern finden.

Haben sie recht? Kann man nichts ändern? Kann man unserer Welt wirklich kein anderes Gesicht geben? In diesem Fall wäre es lächerlich leicht: Die Brüste wirklich nur dem enthüllen, dem ich sie zeigen will. Ich gebe zu, das wäre wirklich leicht – aber gerade deshalb so eine schöne Übung. Und es machte den Menschen frei.

Frei natürlich auch in der Wahl der Modemittel. Jeder kann sich mehr oder weniger mit dem behängen, was ihm gerade in die Finger kommt. Das aber teilt die Gesellschaft.

Ja, jeder kann sich ein Hundehalsband umschnallen, kann zum Abendkleid Gummistiefel tragen oder ein T-Shirt zur Hochzeit – er und sie müssen nur wissen, dass es außerhalb ihrer bunten Gesellschaft Regionen gibt, in denen das Kunterbunte oder das Rabenschwarze als absonderlich bis unkorrekt gelten und seine Träger wirklich auf den ersten Blick aussondern.

Über mich, die Patientin, beugte sich eine Krankenschwester mit blankem Bauch und Funkelstein im Nabel und im Nasenflügel. Als ich später fragte, ob dieser Zierrat jetzt für Krankenschwestern üblich sei, zuckte der Chirurg mit den Schultern und antwortete: »Was soll ich machen? Ich bin froh, dass ich ein einigermaßen gutes Team im OP und auf der Station zusammenhabe.«

In anderen Fällen käme ein tätowierter Eisenkettenträger gar nicht zum Vorstellungsgespräch.

Manche Firmen, Banken und Ämter schreiben schon der Verwilderung der Modesitten wegen eine bestimmte Kleidung, Uniformen oder Arbeitskittel vor, und wie es die Scala in Mailand mit der Mode und den Opernbesuchern hält, lasen Sie auf Seite 64.

Der Mensch hat also die freie Wahl innerhalb strenger Grenzen. Eins ist nur gewiss: Wer auch nur den geringsten Fehler in seiner Modegruppe macht, ist eine Lachnummer oder out und uncool oder wie es gerade heißt.

Wie man aus dieser Klemme kommt oder gar nicht erst hineingerät? Aufmerksam beobachten. Fragen. »Wie hält man es bei euch? Was ist ratsam? Was ist Pflicht? Wie würde ich mich blamieren?«

Dass es trotz der Grenzen immer noch genug Spielraum gibt, bestätigt jeder aufmerksame Blick. Männern kann ein anständiger Herrenausstatter raten. Frauen sollten sich irgendwo einen Spiegel anbringen lassen, der den ganzen Körper zeigt, beleuchtet von einer gnadenlos hellen Lampe. Sie sollten vor allem ihre Rückseite prüfen können. Jeans sehen von vorne meist einigermaßen aus, von hinten oft deutlich weniger.

Männer und Frauen sollten der Sekretärin ihres Chefs mehr glauben als den besten Freunden und beim Kauf neuer Kleider an den Rat von Christian Dior, dem großen Pariser Couturier, denken: Eine Nummer zu groß ist elegant.

Die Unsicherheit in Modedingen hat gerade in Deutschland, einem sicher nicht armen Land, dazu geführt, dass sich Kleidung größtenteils über Jeans und T-Shirt definiert. Dass Turnschuhe und Trainingsanzüge zur Tageskleidung geworden sind und der Begriff der Eleganz offenbar überflüssig geworden ist.

Dabei ist Eleganz der einzige Ausweg aus dieser merkwürdigen Situation, in der wir und unsere Kleiderschränke sich befinden: da diese Jeanskluft, dort der Glamour der Medienwelt.

Eleganz kümmert sich primär um keins von beiden. Eleganz geht vom Individuum und seinem Lebensstil aus. Eleganz diktiert nicht, billige Wegwerfmode zu kaufen. Sie lässt den Mann wie die Frau mit wenigem auskommen, das zu ihnen passt und das ihnen passt. Weil es immer nur neues Modisches, aber nicht mehr die Neue Mode gibt, kann jeder seinen Stil entwickeln, zur Not mit Hilfe von Schneider und Schneiderin.

SPRACHE VERRÄT UND BEUNRUHIGT

Dass Eleganz und korrekte Bürokleidung nicht alles sind, hat dieses Erlebnis gezeigt: Sie war wirklich schön, jung, schlank, aber nicht abgemagert, trug keine Jeans, sondern modische Stiefel, keinen zerschlissenen Parka, sondern einen taillierten schmalen Mantel, war nicht blondiert, sondern sorgfältig geschminkt mit rosa-violetten Lippen.

Sie kam mit ihrem makellosen Rollenkoffer in der Bahnhofshalle auf mich zu. Ich wartete vor der Tür des einzigen Aufzugs, der auch als Lastenaufzug für die Geschäfte im Bahnhof dient, hatte schon den Knopf »Bahnsteig« gedrückt, aber der Fahrstuhl war voller leerer Kartons erst mal in den Keller geglitten.

Die Schöne schaute mich streng an und drückte auf den Knopf »Bahnsteig«. Nichts geschah. Dann glitt der Fahrstuhl, jetzt mit vollen Kartons, wahrscheinlich für den Speisewagen, lautlos an uns vorbei nach oben. Die Schöne öffnete die rosavioletten Lippen und sagte »Scheiße« und dann: »Warum hält das Scheißding nicht? Ich hab doch auf den Scheißknopf gedrückt. Scheiße. Scheiße.«

Dann kam der Fahrstuhl, öffnete sich, sie rollerte scharf an mir vorbei, drückte »Bahnsteig«, aber dieser Fahrstuhl ist so eingestellt, dass auch mehrere Personen mit wie auch immer geartetem Gepäck gemütlich und ohne eingeklemmt zu werden einsteigen können.

»Oh Scheiße, wann fährt denn das Scheißding endlich los? Sonst fährt mir der Scheißzug noch vor der Nase weg!«

Sie war eine Unbekannte, und auch ich war unbekannt für sie. Ich war so perplex, dass ich sprachlos stehen blieb.

Was mag sie für einen Beruf gehabt haben? Wie mochte ihre Familie mit ihr geredet haben, wie sprachen wohl ihre Freunde miteinander? Sollte ein erwachsener und offenbar gut verdienender und geschmackvoller Mensch nicht die Fäkalsprache der Schule oder der Lehre oder Uni allmählich überwunden haben? Sollte er nicht gelernt haben, dass uns eine Fülle von gar nicht so schwierigen Wörtern zur Verfügung steht, mit denen wir jeglichen Gefühlen Ausdruck zu geben vermögen?

Wer immer Scheiße sagt, ist schon am Ende seiner Ausdrucksmöglichkeiten. Er hat alle Stufen – in diesem Fall – der Empörung übersprungen. Sitzt jetzt mit der Scheiße in der Falle. Drüber geht's nicht, aber die Empörung kocht noch in ihm – in dieser Geschichte in ihr. Es brodelt, aber sie hat im wahrsten Sinn des Wortes keine Worte. Sie kann nur noch ihr eines, einziges Wort immer und immer wiederholen.

Wie führt sie mit diesem Mangel an verbalen Variationen Verhandlungen? Wie kann sie im Augenblick der Liebe angemessen sagen, was sie fühlt, vielleicht sogar erschüttert?

Irgendjemand hat versagt. Irgendjemand hätte ihr sagen müssen, dass ein schickes Outfit nicht reicht, auch wenn sie die Regeln für korrekte und erfolgsverheißende Kleidung aus den entsprechenden Frauenzeitschriften auswendig gelernt hat. Irgendwer hätte ihr klarmachen müssen, dass vor der wieder so gerühmten Höflichkeit so etwas wie Gesittung stehen müsste und Selbsterkenntnis oder auch Selbstdisziplin.

Dazu gehört freilich Zeit, Muße, und die hatte meine Schöne nicht.

Hätte ich der Irgendwer sein sollen? Oder können? Eigentlich ja. Aber sie war so rasch davon. Ich hatte nur noch das Nachsehen. Jedenfalls hat es mich merkwürdigerweise berührt. Es hat mich nicht beleidigt, sondern beunruhigt.

Alle Welt klagt: Die Jungen haben kein Benehmen mehr! Die Jungen verwildern! Die Jungen reden nur noch Schrumpfdeutsch.

MUT ZUM WIDERSPRUCH

Die Jungen haben kein Benehmen, weil sich keiner traut, sie zu korrigieren und ihnen zu sagen, was Benehmen ist. Die Jungen verwildern, weil die Alten sie verwildern lassen. Die Jungen reden nur Schrottdeutsch, weil ihre Eltern zugelassen haben, dass ihnen Mobiletelefon und PC wichtiger wurden als lebendige Menschen mit lebendiger Sprache.

Also? Ich bin in einer kleinen Stadt mit vielleicht dreitausend Einwohnern aufgewachsen. Jeder kannte jeden, und die Kinder knicksten vor meiner Großtante, und wenn diese gehört hätte, wie eins unflätig fluchte, so hätte sie freundlich gesagt: »Ei Hedi, dir muss wohl deine Mutter den Mund auswaschen!«, und alle hätten gelacht, weil die Vorstellung von einem schaumgebadeten Mund so komisch ist. Aber alle Kinder hätten die Moral von der Geschicht verstanden. Sie haben sicher in ihrem Leben wieder geflucht, aber vielleicht ist ihnen aufgefallen, wie das klingt.

Als die Schwester dieser Großtante, meine Großmutter, uns das letzte Mal in Hamburg besuchte, wir an der Alster spazieren gingen und sie von Radlern, die nicht auf dem Fahrradweg fuhren, fast umgefahren wurde, rief sie erschrocken so etwas wie: »Pass doch auf!« Die Antwort: »Pass doch selber auf, alte Pissnelke!«

So lernt man noch als Großmutter neue Fäkalflüche, aber man begreift vor allem, was wir verloren haben: den Mut und die Möglichkeit einzugreifen. Wir halten den Mund, weil wir Angst vor der Gewalt haben. Wir konnten im Fall der Radfahrer nichts sagen, weil diese schon weg waren. Wir sind so zahlreich geworden und leben trotzdem oder gerade deshalb immer weniger in lebendigen Beziehungen. Wir leben singulär, einsam in der Masse. Wir haben verlernt, für uns selber zu denken, zu handeln, zu erziehen, weil es so bequem ist, alles einfach laufen zu lassen.

Nein, ich kann nicht jeder Wildfremden sagen: »Herzelchen, hör doch auf mit deiner Scheiße!« Aber ich kann manchen mir Unbekannten und vor allem denen, mit denen ich lebe, immer und auf der Stelle sagen, was zu sagen ist. Und das ist kein Mut, das ist das Normalste auf der Welt.

Mut spielt vielleicht in dieser Geschichte eine Rolle. Das war in der Frankfurter S-Bahn. Am Stadtrand stiegen zwei junge Frauen ein, beide so schrill gekleidet, wie es schon so lange Mode ist, dass sich in einer Großstadt keiner mehr darüber aufregt, sogar kaum noch hinschaut.

In diesem Fall taten es noch einmal alle, denn die beiden Schrillen zankten sich unter Aufbietung aller Unflätigkeiten, kreischten immer wieder los und tobten zwischen den Sitzen hin und her. Die Fahrgäste, längst nicht mehr so jung und kräftig wie die beiden Zänkerinnen, starrten zum Fenster hinaus. Nur einer stand auf, zugegeben ein kräftiger Mann, aber er stand auf und sagte: »Ihr Benehmen ist für uns unerträglich. Wenn Sie sich nicht zusammennehmen können, muss ich Sie bitten, bei der nächsten Station die Bahn zu verlassen.«

Den Zänkerinnen klappte der Mund zu. Sie schwiegen, und als der Zug hielt, stiegen sie aus.

Zufällig traf ich am nächsten Tag die Oberbürgermeisterin und erzählte ihr diese Geschichte als Musterbeispiel bürgerlicher Zivilcourage und sagte, dass ich in Hamburg so etwas noch nie erlebt hätte.

Sie schaute mich einen Augenblick an, dann sagte sie: »Da sehen Sie mal!«

Ein zweites Beispiel. Es spielt im ICE nach Berlin. Diese Züge sind so hochmodern, dass man dicht an dicht sitzen muss und des Nachbarn PC fast auf dem eigenen Schoß hat. Ein Mitreisender holte sein Mobiltelefon heraus und begann ein Gespräch offenbar mit seinem Partner. Es ging um ein Geschäft, und er gab mit Stentorstimme intimste Anweisungen, die nichts mit Moral und Anstand zu tun hatten.

Nach einer Weile sagte sein Gegenüber genauso laut: »Es ist zwar sehr interessant zu erfahren, wie

Sie Ihre Kunden über den Tisch ziehen, aber ich glaube, wir haben wirklich genug gehört. Reden Sie doch bitte im Vorraum weiter.«

Er tat's. Fußnote: In diesen beiden und in allen anderen ähnlichen Fällen, an die ich mich erinnern kann, haben Männer die Stimme erhoben, ist Männern aufs Wort gehorcht worden. Glauben Frauen, dass sie ins Leere reden? Trauen sie sich nicht, weil vor zweitausend Jahren der Apostel Paulus das Wort von den Frauen gesagt hat, die in der Gemeinde schweigen sollen? Das ist ein Wort, das noch heute insgeheim vielen Männern gefällt, aber wenn man es als Benimm-Regel verstehen will, so beweisen Frauen täglich, wie überholt sie ist.

MANN UND FRAU AUF ARBEITSSUCHE

Dem entspricht, dass es keine Unterschiede in den Erwartungen gibt, die an weibliche und männliche Berufstätige gestellt werden. Auf was muss man bei der Arbeitssuche gefasst sein. Was wird als anständig empfunden, wenn man sich vorstellt?

Nach Ansicht, derer, die mit Berufssuchenden zusammenkommen, Betriebschefs, Leute aus den Personalbüros oder aus der Handwerkskammer, ist es erstens die Aufmerksamkeit. Wer sich für einen Beruf, ein Handwerk entschieden hat, sollte sich vorher ausreichend darüber informiert haben.

Faule Gleichgültigkeit ergibt einen schlechten ersten Eindruck.

Das Zweite schon sind Ordnung und Sauberkeit in Bezug auf die Papiere, die man mit der Bewerbung einreicht. Beim Handgeschriebenen leserlich, ohne Rechtschreibfehler.

Dann kommt drittens die Pünktlichkeit hinzu. Wer sich vorstellt, sollte den Ort der Handlung vorher kennen. Welche Bus- oder Tramverbindung gibt es? Wie lange dauert die Fahrt von hier bis dort, was für Ausweispapiere muss man eventuell mitbringen? Der gute Rat: zur erfahrenen Zeit immer mindestens eine Viertelstunde hinzurechnen. Es kann immer eine Bahn ausfallen, ein Lastwagen sich querstellen, und falls etwas Unvorhergesehenes passiert: Jetzt hat das Mobiltelefon seinen wirklichen Nutzen. Auf jeden Fall Telefon- und Mobiltelefonnummern notieren oder einspeisen und gleich anrufen, damit Personalchef oder Sekretärin Bescheid wissen.

Die Aufmerksamkeit sollte nicht nur am Vorstellungstag gezeigt werden. Immer wach sein, fragen, nachlesen, sich weiterbilden. Nicht darauf warten, bis einen jemand anstupst. Das kann man machen, ohne Streber zu sein, indem man andere Lehrlinge und Kollegen miteinbezieht. Auch ihnen gilt die Aufmerksamkeit. Man schaut nicht nur dem Chef immer frei in die Augen, wenn man mit ihm spricht, man druckst auch vor den anderen nicht mit niedergeschlagenem Blick herum. Man beobachtet erst einmal in Ruhe, nach welchen Regeln diese neue Gesellschaft funktioniert, aber man passt sich vorsichtig an. Wenn sich zum Beispiel alle duzen, so bleibt man beim Sie, bis man zum Duzen aufgefordert wird. Und nicht gleich den Reformer und den großen Gesellschaftskritiker spielen. Das hat Zeit. Lieber zurückhaltend, aber rücksichtsvoll, hilfsbereit reagieren. Sich nicht in eine Untergruppe ziehen lassen, sich aber auch nicht einer aufdrängen.

Ein Sprung zurück zum Baron Knigge zeigt, wie zeitgemäß er gewesen ist. Im »Umgang mit den Großen der Welt« hat er geschrieben: »Man traue nicht zu sehr den freundlichen Gesichtern der meisten Großen ... Auch lasse man sich von den Erden-Göttern nicht zu unedlen Geschäften missbrauchen, sondern sei vorsichtig in allen Dingen, welche man ihnen erweise. Sie machen leicht aus jeder Gefälligkeit eine Pflicht und halten es nachher für Verabsäumung unserer Schuldigkeit, wenn wir zu einer anderen Zeit uns nicht gerade aufgelegt zeigen, uns eben also preiszugeben ... Vor allen Dingen hüte man sich, von ihnen in gefährliche Händel gezogen zu werden! Sehr gern pflegen sie das zu tun, und schieben dann entweder die Schuld auf uns, wenn die Unternehmung nicht gelingt, oder lassen uns gar darin stecken und alles Ungemach allein auf uns fallen, wenn die Sache schiefgeht ... Überhaupt darf man auf die Dankbarkeit der meisten Vornehmen und Reichen sowie auf ihre Versprechungen nicht bauen. Opfere ihnen also nichts auf!«

Oft aber kann man gar nicht selber handeln,

kann nur reagieren. Es gibt unbeabsichtigte Aggressionen, und es ist die moderne Biologie, die zeigen kann, wie uralt der hormonbedingte Aggressionsmechanismus ist, der den Mann beherrscht, vor allem den jungen Mann, und wie das andere Geschlecht, das anderen hormonellen Gesetzen unterliegt, unwillkürlich zur Zielscheibe wird.

Ein Beispiel also, eine Konferenz. Lauter Männer, darunter eine einzige Frau. Auftritt des letzten Konferenzteilnehmers, der sich sofort und ohne »Bitte« an die Frau wendet: »Ach, machen Sie uns gleich einen Kaffee?«

Wie ungeheuer befriedigend, wenn diese Frau geistesgegenwärtig genug für so eine Antwort wäre: »Meinen Sie, dass ich das besser kann als Sie?« oder wenn sie einen akademischen Grad besitzt und ruhig und freundlich erwidert: »Ich glaube, wir kennen uns noch nicht. Ich bin Dr. Müller, und danke schön, ich möchte im Moment keinen Kaffee.«

EINER ALLEIN GEGEN DAS ANONYME

Das ist ein Beispiel von gedanken- und taktloser Unhöflichkeit, und bei diesem und den vorhergehenden Fällen gab es Menschen, die sich gegenüberstehen, also die Chance hatten für ein Gegen-Wort, eine Bitte um Entschuldigung, ein Lächeln.

Schlimmer ist es, wenn ein Einzelner gegen anonyme Gruppen steht. Wie kann man in einer solchen Situation Grobheit und Mangel an Anstand ertragen?

Oft ist nicht einmal ein Partner da, der für seine Grobheit oder seinen Mangel an Anstand einstehen könnte. Mancher Schriftsteller hat es schon erlebt, dass er einer Fernsehstation ein Exposé geschickt hat, nach Wochen abschlägig beschieden wurde und nach Monaten seine Idee als Fernsehspiel eines Unbekannten auf dem Bildschirm wiedersah. Nahezu jeder Künstler oder Publizist kennt die Situation, dass er seine Idee samt Kostenvoranschlag und Bühnenentwürfen, seinen Vorschlag für eine Illustriertenserie, seine Idee für ein Sachbuch von anderen verwirklicht sieht, die zu den betreffenden Plänen und Unterlagen Zugang hatten.

Gegen wen soll man vorgehen? Jeder wird leugnen und lachen. Oder vielleicht sagen: »Verklagen Sie mich doch!« Wer einen Fall dieser Art durchgestanden hat, weiß, dass er auch mit juristischer Hilfe kaum zu seinem Recht kommt.

Das Fazit könnte sein: allgemeines Misstrauen gegen alle, die meine künftigen Arbeitspartner sein könnten. Eine typische Grundhaltung, die eigentlich nur dazu führt, die Schlechtigkeit der Welt für alles verantwortlich zu machen. Will man das? In dieser Situation erweist sich wieder die Contenance als Vorteil. Nach den Achtundsechzigerjahren ist es modern geworden, Contenance, Haltung, Selbstdisziplin und Selbstbeherrschung gering zu schätzen und als unzulässige Vergewaltigung der Gefühle zu verstehen. Politiker wurden gefragt, warum sie in der Öffentlichkeit nicht auch einmal weinten. Als Helmut Schmidt auf eine ähnliche Frage antwortete, er sei zum Regieren und nicht zum Weinen gewählt worden, wurde ihm diese Bemerkung als Kaltschnäuzigkeit angekreidet.

Er hatte aber recht. Gefühle sind nicht immer dazu da, gezeigt zu werden, und jeder kann es so halten, wie es ihm oder ihr passt.

Auf jeden Fall ist es ein Missverständnis, Gefühlsbeherrschung mit Gefühlsmangel zu verwechseln. Contenance, Haltung ist eine große Hilfe in Augenblicken der Entscheidung. Sie hilft auch, von mir selber abzusehen und davon, nur das eigene gekränkte und betrogene Ich zu bejammern. Sie hilft, das eigene Bild zu bewahren. Also denen, die über unseren Misserfolg aus Anstand spotten, nicht noch den Triumph unserer Zerschmetterung zu gönnen.

Das Gesicht wahren ist auch eine Sache der Klugheit. Nicht nur beim Poker ist es nützlich, den anderen darüber im Unklaren zu lassen, was ich empfinde und wo ich verletzlich bin – auch das hatte Knigge schon vor 200 Jahren geraten.

Haltung ist schließlich die einzige Rettung, wenn sich gegen freundliche Kollegialität und Anstand eine böswillige Absicht richtet.

Das alles lehrt: Das tadellose Benehmen in Betrieb und Büro, zu dem auch eine moralische Grundhaltung gehört, die weder Lug noch Betrug akzeptiert, erfordert gewisse Strategien. Vielleicht helfen die folgenden Ratschläge:

Der erste bezieht sich auf die allgemeinen Regeln des Benehmens: Je schwieriger eine Situation ist, in der man steckt, desto korrekter muss man sich benehmen. Korrekt im Äußeren und korrekt im Umgang mit anderen. Also: pünktlich, zuverlässig, überprüfbar. Termine notieren, Gesprächsnotizen machen, Besprechungen und Diskussionen gründlich und sachlich vorbereiten. Klatsch und Tratsch vermeiden. Gerüchten nicht trauen, mit Tatsachen arbeiten. Kritische Punkte von anderen überprüfen lassen. Unwissenheit nicht überspielen, sondern Kenntnislücken füllen. Auf Offenheit setzen, nicht auf Geheimniskrämerei und Mauschelei. Sich nicht von anderen dazu bringen lassen, Unkorrektes zu tun oder zu dulden, weder aus Eigennutz, noch aus falscher Kollegialität. Das macht nur erpressbar. Keine Arbeit aufschieben, von allen Briefen und Kurznotizen Kopien machen. Den eigenen Schreibtisch abschließen und die verschlossenen Schubladen anderer achten.

In amerikanischen Action-Thrillern, die in Kanzleien, Anwaltsbüros und Redaktionen spielen, werden all diese Regeln missachtet, und zum Schluss steht der Rechtsbrecher sogar als Held da. So lautet mein dringender Rat für die sehr viel langweiligere Wirklichkeit: Keine Regeln fürs eigene Leben aus Romanen, Filmen, Fernsehspots und Fernsehserien ziehen. Dazu gehört auch die Erkenntnis: Man darf Zutrauen nicht mit Arglosigkeit verwechseln. Man muss darauf gefasst sein, dass der Anstand als Schwäche ausgelegt wird, man muss sich darauf einrichten und auf seine Art und Weise widerstehen. Zum Beispiel: nichts vertuschen und etwa aus falscher Scham eine eigene Niederlage verschweigen. Das hilft nur dem Angreifer. Stattdessen also den Vorfall den Kollegen berichten, ganz sachlich, und zur Diskussion stellen.

Das führt zu der zweiten, der wichtigsten Erkenntnis, nämlich zur Notwendigkeit der Selbsterkenntnis. Ich muss wissen, wer und wie ich bin. Ich muss wissen, was ich kann. Wenn ich es nicht ertragen kann, dass im Kampf ums Dasein kleine Einzelhandelsgeschäfte oft mit miesen Tricks zum Aufgeben gezwungen werden, darf ich kein Immobilienmakler werden. Wenn ich es nicht ertragen kann, angeketteten Geiseln das Mikrofon vors Gesicht zu halten und zu fragen: »Wie fühlen Sie sich? Haben Sie Angst?«, so darf ich kein Fernsehreporter werden. Und wenn ich schon ein Journalist mit empfindlichem Gewissen und dem Hang zur Wahrhaftigkeit bin, so muss ich auf bestimmte, vielleicht hochbezahlte Aufträge bei Verlagen und Fernsehstationen verzichten. Freiwillige Einschränkung und Beschränkung also. Verzicht. Ein Wort, das nicht sehr beliebt ist.

Die dritte Erkenntnis: Ich lebe nicht auf einer seligen Insel, auf der der Anstand stets belohnt wird. Ich muss mich im Gegenteil in einer Welt einrichten, in der nicht allzu viel Gesittung, wie man früher sagte, herrscht. In der vielmehr in Ernstfällen das Faustrecht gewählt wird. Auge um Auge, Zahn um Zahn, da kann man noch so viel von Abendland und christlichen Werten sprechen.

Das einzige Fazit: Man muss versuchen, gut in seinem Beruf zu sein. Besser als die anderen. Dann kann man es sich leisten, auch gut im Sinne von Moral und Manieren zu sein.

Und das ist genau der kritische Punkt: Was gelten heute Umgangsformen, Manieren, korrektes Benehmen? Wenn ich mich mit anderen darüber unterhalte, fällt immer bald der Satz: »Die Leute haben keine Manieren mehr! Was muss ich mich dann damit abgeben?«

Dahinter steckt meistens diese Erfahrung: Sie gehen mit mir nicht so um, wie ich es erwarte.

Und wie erwartet es das jeweilige Ich? Es erwartet, bemerkt zu werden. Es erwartet ein Lächeln. Dass es zum Beispiel keinen Brief bekommt, auf dem nur steht: Müller-Schnarrenb, weil in die Computerzeile das -erger nicht mehr hineinpasste, vom Titel oder Grad oder Vornamen ganz zu schweigen.

So ein Sieg der unpersönlichen Maschinerie über das Ansehen der Person, der entpersönlicht und degradiert, ist für manche schon ein individueller Angriff, auch wenn keine böse Absicht am Werk ist – wobei gerade diese freundliche Gleichgültigkeit am tiefsten kränkt. Das ist ebenso wie in der folgenden Geschichte: Da sind zwei Kollegen, ein junger Mann, der gerade seinen Wehrdienst absolviert hat, und eine junge Frau, etwa im gleichen Alter. Beide haben die gleichen beruflichen Qualifikationen, beide sind tüchtig in ihrer Stellung, beliebt bei Kunden und Kollegen.

Sie aber hastet von Termin zu Termin. Sie macht alles selbst. »Weil die anderen ja doch nicht funktionieren.« Sie hat keine Assistenten, er dagegen arbeitet ganz gelassen. Wenn er Hilfe braucht, fordert er sie an. Wenn er zu viel Arbeit hat, delegiert er Vorarbeiten. Ihm sind zwei Assistenten zugeteilt.

»Ja«, sagt sie, nicht neidisch, eher sehnsüchtig, »das machen wohl die Erfahrungen beim Bund. Er kann sich eben durchsetzen.«

Es hat eine Weile gebraucht, um sie davon zu überzeugen, dass sie es auch kann. Immer wenn sie von ihrem Problem erzählte, rutschte ihre Stimme hoch, und sie sprach so hastig, dass sie kaum zu verstehen war. »Das ist es ja«, klagte sie, »kaum mache ich den Mund auf in dieser Sache, klinge ich schon wie ein zickiges Weib!«

Dann eben den Mund halten. Langsam Luft in die Lungen lassen und langsam wieder ausatmen, bis man das Gefühl hat: So, jetzt kann ich in meiner normalen Tonlage sprechen. Jetzt flattere ich nicht mehr.

»Es geht nicht! Bis ich soweit bin, ist der Augenblick vorbei!«

Es stimmt. Unsere Zeit ist hastig, viel zu schnell für die Bewegungen der verletzten Seele. Aber es gibt Tricks, sich eine Verschnaufpause zu verschaffen. Man braucht nur die Hand zu heben und zu sagen: einen Augenblick! Das ist wie Magie, und dieser eine Augenblick reicht manchmal zur Konzentration. Besonders wenn man in diesem Augenblick Haltung annimmt, wobei ich diesmal die körperliche Haltung meine. Wenn man sich körperlich sammelt und sich aufrecht hinstellt oder hinsetzt, die Schultern zurücknimmt und den Bauch einzieht, so hat die Lunge viel mehr Platz und lässt mich besser atmen und besser sprechen.

ATEMPAUSE UND AUTORITÄT

Ein anderer Hilfstrick: Man wiederholt – wie es Politiker gern tun – ganz mechanisch, aber mit bedeutungsschwerer Langsamkeit den Satz oder die Frage des anderen und hat genau diese Augenblicke für sich.

In vielen Kulturen spielte der Moment der inneren Sammlung vor großen und auch geringen Taten eine entscheidende Rolle. In Russland kennt man die Minute, das kurze Schweigen und Insichgehen vor einer Reise. In christlichen Ländern ist es das Gebet oder die Nachtwache, Zeiträume, in denen man sich rücksichtslos gegen sich selbst über das klar zu werden versucht, was man will und kann.

Dass beim Gebet noch etwas anderes dazukommt, brauche ich gewiss nicht zu erwähnen.

Solche Momente sind die ersten Schritte dahin, sich durchzusetzen. Eine Atempause. Sich nicht wie wild in den Kampf stürzen, sondern wie meine Großmutter sagte: »Bis zehn zählen, aber langsam, und dann erst los!«

Im wahrsten Sinn des Wortes eine Atempause, denn nur wenn der Atem ruhig und stark geht, kann man mit Stärke und Überzeugungskraft reden und agieren.

Ist das das einzige Geheimnis? Kann man sich auf diese Art und Weise immer durchsetzen? Gewinnt man dadurch schon die Kollegen für sich?

Der zweite Punkt ist kein Geheimnis, sondern eine Grundregel: Je unbekannter, neuer, fremder ich in einer Umgebung bin, je undurchsichtiger mir die Verhältnisse von Kollegen vorkommen, je einsamer und gefährdeter ich mich fühle, desto hilfreicher ist das korrekte Benehmen.

Und das sind meist die berühmten alten Formen, die nicht aus Zufall seit Jahrhunderten dazu dienen, in guten und in schlechten Zeiten das Zusammenleben zu erleichtern: also äußerste Höflichkeit, sich niemals Bitte und Danke schenken, keine grobe Anbiederung, gerade im Streit auf den anderen Rücksicht nehmen, in jeder Hinsicht fair und immer diskret sein, dem Gegner niemals das Wort abschneiden, ihn niemals verhöhnen, lächerlich machen, beleidigen. Falls einem im Eifer des Gefechtes so etwas unabsichtlich über die Lippen rutscht, sofort und ernsthaft um Entschuldigung bitten.

Es ist wichtig, das nicht so zu tun, dass es schon wieder wie eine Beleidigung klingt. »Tut mir leid!« ist falsch, denn es drückt sich um den entscheidenden Kern der Sache herum.

Es gibt nun Menschen, die offenbar überhaupt keine Schwierigkeiten haben, sich gegen Aggressionen durchzusetzen, und die deshalb keinen Rat brauchen. Menschen, die Naturtalente sind, wenn es darum geht, sich zu behaupten. Wo sie auftreten, bildet sich eine Gasse. Wo sie das Wort ergreifen, schweigen alle anderen. Wenn sie einen Wunsch haben, springt schon jemand. Menschen mit Autorität, mit natürlicher Autorität, wie man sagt.

Auctoritas ist im Lateinischen das Wort für Bürgschaft und Sicherheit, für ein Beispiel und ein Muster, für Unerschrockenheit, Besonnenheit, sittlichen Ernst und würdevolle Haltung samt der Würde selbst, also: Ansehen, Einfluss, Bedeutung, Selbstgefühl und Entschlossenheit.

Das sind viele Wörter und Begriffe, manche seit Jahrzehnten ungebräuchlich: Unerschrockenheit zum Beispiel und sittlicher Ernst. Aber in diesen Wortursprüngen liegt schon die Antwort auf die Frage: Wie kommt man zu Autorität? Durch Besonnenheit, durch Ernst und Mut.

Und wie gewinnt man das Ansehen, das man braucht, um sich durchzusetzen? Die Sache mit der Sprache ist sicher schon wichtig, aber ruhige, überzeugende Worte sind ja nicht alles.

Sollte man also diese ruhige Stimme erheben, um alle Konkurenten und Widersacher zu übertönen? Nein, gewiss nicht. Was tut man stattdessen? Was macht der Mensch von Anfang an? Was macht das Neugeborene, das sich ins Leben hinein durchsetzen will? Untersuchungen mit Videofilmen haben ergeben, dass die ersten Impulse erstaunlicherweise vom Säugling ausgehen. Er gibt der Mutter ein Zeichen. Aber wenn sie will, dass Schluss mit Spiel und Spaß ist, gibt sie auch ein Zeichen. Vielleicht einen Kuss, vielleicht ein Wort.

Lehrstunde des sozialen Verhaltens. Lehrstunde des Willens, später: des rücksichtsvollen Benehmens. Daraus ergibt sich auch ein Lehrsatz der Durchsetzungskunst: Ich bin es ja nicht allein, der sich durchsetzen will, der also etwas verlangt.

Der oder die anderen wollen auch etwas, und ich komme am besten an mein Ziel, wenn ich mir die Situation beider Parteien klarmache: Was will er oder sie? Was will ich? Und: warum?

Das ist ein Muster. Ein Spiel, und jeder weiß, wie es sich wandelt. Jeder kennt die Phasen, in denen Kinder alle Tricks ausprobieren, um überlegen zu sein, um sich andere zu Willen zu machen. Um sich darzustellen. Sicher haben Einzelkinder andere Durchsetzungserfahrungen als Geschwisterkinder, und Einzelmädchen in Bubenfamilien wieder andere als Einzelknaben zwischen lauter Schwestern.

Aber auf jeden Fall sind die Erwachsenen und die älteren Geschwister, die ein Kind in seinen ersten

Lebensjahren umgeben, unbewusst die Lehrer und Vorbilder auch für die Fähigkeit, sich in einer Gemeinschaft einzunisten und durchzusetzen. Und auf jeden Fall hat der Durchsetzungswille wie viele andere Werte und Begriffe seine positive und seine negative Seite.

Da ist die Anmaßung, da ist die fast hysterische Angst vor Auseinandersetzungen. Da der Charme, mit dem jemand alle um den Finger wickeln kann. Da sind Schüchternheit und das merkwürdig schwache Selbstwertgefühl, das Mädchen immer noch von manchen anerzogen wird.

Der Vatersatz: »Unser Mädi will wieder gescheit sein!« kann eine Frau bis zu den Höhepunkten ihrer Karriere begleiten und belasten und ihr Durchsetzungsvermögen im entscheidenden Augenblick lähmen. Das ist unser aller Erbe.

WIE SETZE ICH MICH DURCH?

Wer dagegen Erwachsene um sich herum gehabt hat, die das begriffen und sich instinktiv darauf eingestellt haben, dass Kinder an ihnen lernen müssen, wie man mit dem öffentlichen Leben zurechtkommt, der hat auf der Bühne der Familie auch üben können, sich gegen die verschiedenen anderen durchzusetzen. Dabei hat er sicher auch gelernt, dass man bei jedem Menschen eine eigene Methode entwickeln muss. Wer in diesem Familienstück jedoch immer die Rolle des Untergebutterten zugeteilt bekam, hat dennoch nicht verloren, denn dann weiß er zumindest, wie man es auf dem Wege zum Ziel nicht machen sollte. Das Ziel: ein Mensch mit Autorität zu werden, gleichgültig in welchem Beruf, ein Mensch, für den es ein Leichtes ist, sein Terrain abzustecken, sich mit Anstand auf ihm zu behaupten und es gegen persönliche Angriffe zu schützen. Noch einmal die Frage: Wie fängt man es an? Wie fange ich es an?

Es beginnt damit, dass man etwas wirklich und ernsthaft will. Wenn man zudem weiß, weshalb man sich durchsetzen will, muss man sich überlegen: Wie sind die Menschen, die sich durchsetzen, die eine Wahl gewinnen, die einen Job bekommen und so weiter? Wie haben sie so auf mich gewirkt, dass auch ich sie zum Beispiel in den Vorstand meines Sportclubs gewählt habe? Sympathisch aussehen, das alleine kann es nicht sein, so wenig wie eine anständige Krawatte.

Was auch immer für Eigenschaften aufgezählt werden, es läuft auf einen klaren Umriss der Persönlichkeit heraus, dem die Selbstsicherheit (nicht die Selbstgefälligkeit) entspringt. Dazu müssen natürlich die schon erwähnten inhaltlichen Qualifikationen kommen, die sachliche Kompetenz, die charakterliche Integrität.

Und es kommt noch ein Letztes hinzu: Die Welt sieht erst einmal nur das Äußere, das mag ungerecht sein, aber das Leben ist voller Ungerechtigkeiten, und man kann sich nicht durchsetzen, wenn man das nicht einkalkuliert. Also folge ich dieser Bedingung.

Nun habe ich mir die Haare gekämmt, ein sauberes Taschentuch eingesteckt, bin schick, aber nicht sexy gekleidet, kurz, ich habe mir mein durchsetzungsfähiges Image geschaffen.

Jetzt brauche ich Gehör. Muss eine Stimme bekommen und die Gelegenheit, diese Stimme zu erheben. Damit ist jetzt nicht mehr die Tonlage gemeint, sondern die Botschaft. In solchen Augenblicken ist es gut, wenn man Hilfe von anderen hat. Zum Beispiel einen Vater, der sagt: »Seid mal alle still, Vera will etwas erzählen!« Oder eine ganze Familie, in der es üblich ist und geübt wird, dass Kinder zu Wort kommen: ihre Gäste selber begrüßen; lernen, eine Entschuldigung und den Dank auszusprechen und – was noch wichtiger ist – jemandem etwas abzuschlagen.

Diese beiden Dinge: um Entschuldigung bitten können und unaufgeregt und freundlich Nein sagen sind fast schon die ganze Voraussetzung für das Durchsetzen. Beides fällt vielen schwer, weil Anpassen und Nachgeben angenehmer und rascher erledigt sind und weil damit die wahren Sachverhalte manchmal so schön vertuscht werden.

Wenn aus Kindern Leute geworden sind, so merken sie, dass ihnen die Tradition alle möglichen Hilfsmittel überliefert hat: zum Beispiel die Glocke des Vorsitzenden oder des Richters, die man läuten kann.

Da ist die Hand, wie schon erwähnt, die man nur

zu heben braucht, um Aufmerksamkeit für die kommenden Worte zu erheischen.

Da ist das Glas, an das man mit der Gabel schlägt, um Ruhe für eine Rede zu gewinnen.

Da kann es auch einen Tischnachbarn geben, der fragt: »Soll ich für dich ans Glas schlagen, damit das Gerede aufhört?«

Da sind schließlich der Betriebsrat und die Genossenschaft oder ähnliche Gruppierungen, die eigens gegründet worden sind, um den sozial oder politisch Schwächeren beim Durchsetzen ihrer Rechte und ihrer Rede zu helfen.

Von Anfang an gibt es also zahlreiche traditionelle Hilfen. Ein Zeichen dafür, dass der Mensch erstens so etwas einfach braucht und zweitens nicht allein steht in seiner Notwendigkeit, sich durchzusetzen. Es geht in vieler Hinsicht leichter, wenn man andere um sich weiß, die einen in dem bestärken, was man erreichen will oder muss. In der Politik nennt man das eine Lobby, eine Interessengruppe.

Das ist natürlich schon die Folge von etwas anderem: Man hat sich als durchsetzungswürdig und mit Glück auch als moralisch integer erwiesen. Man ist zumindest in einer Hinsicht gut und unschlagbar. Freunde oder Kollegen finden mich und mein Ziel gut und unterstützen mich infolgedessen bei meinen Vorhaben.

Die Klippe in dieser Angelegenheit: Manchmal steht einem jemand gegenüber, den man nicht ausstehen kann, oder jemand, den man liebt.

Der erste Fall ist nicht so einfach, wie es auf den ersten Blick erscheint, denn es geht ja meistens nicht darum, sich gegen einen Bösewicht durchzusetzen und ihn zu zerschmettern, sondern es geht darum, den eigenen Willen gegen einen anderen zu setzen. Wenn das gelingt, hat man nicht immer gewonnen. Wer sich nämlich auf Kosten anderer durchsetzt, rücksichtslos, mit Tricks und Fußangeln und Lügen, der demütigt und erniedrigt den anderen. Er macht sich nicht nur Feinde, sondern enthüllt die eigene Brutalität und Unerzogenheit.

Sieger im Durchsetzungskampf sind nur diejenigen, die ehrlich streiten, die auch danach noch mit den anderen weiterarbeiten können. Die von Anfang an nicht nur an sich, sondern auch an den anderen gedacht haben, und das ist die einzige und die höchste Vollendung der Höflichkeit und der erstrebenswerten Umgangsformen.

Die Fälle mit der Liebe haben meistens einen ersten Akt, der in der Familie spielt. Sich gegen »Ich will ja nur dein Bestes!« durchzusetzen, ist für ein Kind eine Meisterleistung. Eltern, besonders Väter, die sich seit der Geburt des ersten Kindes fest vorgenommen haben: »Dieses Kind soll es mal besser haben als ich!«, die schon Ausbildungsverträge planen, ehe das arme Kind krabbeln kann, können ein

Verhängnis sein. Wird das Kind einst mit dem Plan der Eltern einverstanden sein?

Wenn nicht, so lautet der Satz, mit dem es Kraft zum Durchsetzen bekommt: »Ich lebe mein Leben, nicht das meiner Eltern (oder später: meines wohlwollenden Chefs, meines Ehepartners, meines Lebensgefährten)!«

Das ist nicht leicht, vor allem weil alles so sanft und unmerklich beginnt. Eingesponnen in Liebe – das ist ein schreckliches Wort. Aber die alte Grundregel gilt auch in diesen Fällen: den Anstand wahren. Nicht schreien. Nicht ausweichen. Sich hundertprozentig klar werden, was man wirklich will. Mit äußerst liebevoller Höflichkeit vorgehen. Hilfstruppen mobilisieren. Manchmal hilft es, das Problem öffentlich zu machen und die Sache mit den Kontrahenten vor Dritten zu besprechen, seien das Kollegen oder Betriebsräte, Familienpfleger oder Psychologen.

Wem es nicht gelingt, sich so zu befreien, dem bleibt nur das Letzte: Trennung. Endgültig das Bändel der Familie oder Firma durchzuschneiden und sich auf eigene Füße stellen. Endgültig erkennen, dass Beruf, Büro oder Bett gewechselt werden müssen.

DAS ESSEN ALS PRÜFSTEIN

Bei diesem Thema darf man das Essen nicht vergessen. Der Chef will wissen, ob sein neuer Assistent sich anständig bei Tisch zu benehmen weiß, und auch die Lebenspartner sollten sich darüber einig sein, wie zum Beispiel Spargel gegessen werden: mit den Fingern oder mit Messer und Gabel.

Beides ist üblich, gesellschaftlich anerkannt, historisch mit dem Anlaufen der alten, noch nicht rostfreien Messerklingen zu erklären, aber man muss sich darüber einig sein. Sonst kann es einen so nervös machen, wenn der andere die Stangen lutscht, dass eine Spargelkrise zur Ehekrise wird.

Denn kein Gebiet unseres Alltags ist mit so vielen Vorschriften, Sitten und Aberglauben belegt, keine anderen Regeln sind so uralt. Im Alten Testament werden die mosaischen Speisegebote nicht nur in den Büchern Exodus und Levitikus ständig wiederholt, weil sie so wichtig genommen werden oder weil sie sich in einer noch buchlosen Periode so gut einprägen sollen, sondern es geht in den einzelnen Geschichten auch um Dürre und Mangel, Gier und Strafe und endlich um das in Jahwe begründete Maß gegen die gottlose Unmäßigkeit.

Nahrung war in einer von Missernten, Trockenheiten, Heuschreckenplagen, Überschwemmungen und Hungersnöten bedrohten Welt mehr als nur Mehl und Salz und Honig. Sie war Gottesgabe und Lebensmittel, und kein Mensch musste seinem

Kind beibringen, das Brot zu achten und es bedächtig zu essen.

Im Neuen Testament bekamen das Brot und der Wein noch dazu die tiefste Bedeutung heiliger Geheimnisse, und seitdem erzählen die Großmütter, erzählen die Märchen im ganzen Abendland von den Strafen, die alle treffen, die das Brot nicht achten. Das hat freilich nicht verhindern können, dass sich die Leute bei Tisch so benommen haben, dass man von Anfang unserer Literatur an auf allerlei sogenannte Tischzuchten stößt, meist gereimte Regelsammlungen, die der noch aus dem gemeinsamen Napf und mit den Fingern essenden mittelalterlichen Gesellschaft Eleganz und Sauberkeit beizubringen versuchten.

Hans Sachs hat ein wenig Witz in seine polternden Knittelverse gebracht:

Hör, Mensch! wenn du zu Tisch willt gahn,
dein Händ sollt du gewaschen han.
Am Tisch setzt dich nit oben an,
der Hausherr wölls dan selber han!
Der Benedeiung nit vergiß!
In Gottes Nam heb an und iß!
Den Ältesten anfahen laß!
Nach dem iß züchtiglichermaß!
Nit schnaufe oder säuich schmatz!
Nit ungestüm nach dem Brot platz,
daß du kein Geschirr umstoßen tust!
Das Brot schneid nit an deiner Brust!
Das geschnitten Brote oder Weck

Mit deinen Händen nit verdeck
und brock nit mit den Zähnen ein
und greif auch für dein Ort allein!
Nehm auch den Löffel nit zu voll!
Wenn du dich treifst, das steht nit wohl.
Greif auch nach keiner Speise mehr,
bis dir dein Mund sein worden leer!
Red nicht mit vollem Mund! Sei mäßig!
Sei in der Schüssel nit gefräßig,
der allerletzt drin ob dem Tisch!
Zerschneid das Fleisch und brich den Fisch
und käue mit verschlossem Mund!
Schlag nit die Zung aus gleich eim Hund,
zu ekeln! Tu nit geizig schlinken!
Und wisch den Mund, eh du willt trinken,
daß du nit schmalzig machst den Wein!
Trink sittlich und nit hust darein!
Wer neben dir zu Tisch ist gsessen,
den irre nit mit den Ellbogen!
Sitz aufgerichtet, fein geschmogen!
Ruck nit hin und her auf der Bank,
daß du nit machest ein Gestank!
Dein Füß laß unterm Tisch nit gampern
und hüt dich auch vor allem schambern
Worten, Nachredn, Gespött, Tät, Lachen!
Sei ehrberlich in allen Sachen!
In Buhlerei laß dich nit merken!
Tu auch niemand auf Hader stärken!
Gezänk am Tisch gar übel staht.
Sag nichts, darob man Grauen hat,
und tu dich auch am Tisch nit schneuzen,

daß ander Leut an dir nit scheuzen!
Geh nit umzausen in der Nasen!
Des Zahnstührens sollt du dich maßen!
Im Kopf sollt du dich auch nit krauen!
Dergleichen Maid, Jungfrau und Frauen
solln nach keinem Floh hinunterfischen.
Ans Tischtuch soll sich niemand wischen.
Auch leg den Kopf nit in die Händ!
Leihn dich nit hinten an die Wänd,
bis daß des Mahl hab sein Ausgang!
Denn sag Gott heimlich Lob und Dank,
der dir dein Speise hat beschert,
aus väterlicher Hand ernährt!
Nach dem sollt du vom Tisch aufstehn,
dein Händ waschen und wieder gehn
an dein Gewerb und Arbeit schwer.
So spricht Hans Sachs, Schumacher.

Das ist die Grundlage unserer Tischsitten. Noch ziemlich grob, aber alles in allem so, dass man es heute, ins fehlerlose Hochdeutsch übersetzt, noch beherzigen könnte. Wieder beherzigen, denn der Stil, der Tisch und Tafel der Zeit nach dem Mittelalter fast bis heute beherrschte, kam aus dem Frankreich des Barock, von des Sonnenkönigs Hof.

Er scheint in unserer Zeit zu Ende zu gehen, sodass es die Regeln von Hans Sachs sind, über die man vielleicht eher nachdenken sollte.

GEBURT DER DEFINITIVEN FORM

Doch vielleicht hat Versailles noch eine Chance. Denn dort wurden die gesellschaftlichen Formen Europas erschaffen.

Das politische Gleichgewicht dieses Kontinent ist immer wieder verschoben worden, hat immer wieder Kriege, Heiraten, Verträge und Vertragsbrüche verursacht, und als Ludwig XIV. König wurde, stand sein Land nicht besonders gut da. Er brauchte Ruhe, um Wirtschaft und Finanzen zu ordnen, und so zahlte er den Herzögen und Reichsfürsten, deren Gebiete im Osten an Frankreich grenzten, gewisse Summen und lud die jungen Prinzen und Thronfolger an seinen Hof. Dort lernten sie nicht nur Pracht und Verschwendung, sondern auch die feinen Sitten und Gebräuche kennen, die sie später wieder mit nach Hause nahmen, in ihre Residenzen, um wiederum Beispiel zu werden für königliche Nachbarn, Vettern und Besucher.

So wurde es Mode, die jungen Leute von Stand eine Weile an den französischen Hof zu schicken, und weil die dortige Königsfamilie keine andere Sprache als die eigene zu sprechen gelernt hatte, wurde Französisch zur Sprache der europäischen Gesellschaften, so wie das Latein die der Gelehrten und Geistlichen war.

Es galt als elegant und weltmännisch, zumindest französische Redewendungen in die deutsche Sprache einzuflechten, und die deutsche Fraktur wurde durch Lehnwörter aufgelockert, die in der eleganten romanischen Antiqua gesetzt waren.

Das war die Geburt der kniggeschen Hofschranzen, aber wichtiger ist dieses einzuschätzen: Es entstand eine europäische Konvention. Sie wurde eilfertig bestätigt und befestigt, *à la française* wurde Mode, und das hätte nicht geschehen können, wenn dieser Entwurf des Sonnenkönigs nicht etwas besessen hätte, was damals, nach dem groben Mittelalter, nach den Verwüstungen, die der Dreißigjährige Krieg hinterlassen hatte, allen gefiel und recht war und den Menschen wie eine erfüllte Sehnsucht aus der Seele sprach.

Das Benehmen bei Tisch war in Versailles, dieser Stadt von einem Königsschloss, das von über zehntausend Mann Hausgarde und viertausend Dienern in Gang gehalten wurde, ebenfalls der Etikette unterworfen, ohne die dieser Hofstaat zu einer unkontrollierbaren und wüsten Horde geworden wäre.

Der König, die Sonne, um die alles kreiste, war das Zentrum dieses Kosmos, hielt alles zusammen und in Gang und besaß auch beim Essen seinen singulären und unübertrefflichen Stand.

Er aß allein. In den Jahren seines Glanzes speiste er von goldenem Geschirr, und stets wurde das verschlossene Salzfass vor ihm aufgebaut. Ihm allein wurden die drei Speisefolgen, die je aus Dutzenden von Gerichten bestanden, serviert. Der Königin war es gestattet, bei ihm Platz zu nehmen, aber selbst Monsieur, des Königs Bruder, durfte ihm nur das Mundtuch reichen und musste darauf warten, zum Sitzen aufgefordert zu werden. Das beschreibt Saint-Simon folgendermaßen: »Das Diner fand stets bei sogenanntem Kleinen Gedeck statt, das heißt für ihn allein in seinem Zimmer auf einem viereckigen Tisch. Er befahl am Morgen Kleines Gedeck oder ganz Kleines Gedeck, aber dieses letztere bestand stets aus vielen Gerichten und drei Gängen ohne das Obst. Wenn der Tisch hereingebracht wurde, traten zuerst die vornehmsten Höflinge ein, danach alle, die irgendwie Namen hatten, und der erste Edelmann des königlichen Gemaches ging, um den König zu benachrichtigen. Er bediente den König, wenn der Großkämmerer nicht da war.

Ich habe oft Monsieur gesehen, der dem König die Serviette reichte und stehend verweilte. Wenn der König nach kurzer Zeit sah, dass er nicht wegging, fragte er ihn, ob er sich nicht setzen wolle; er machte eine Referenz, und der König befahl, ihm einen Sitz zu bringen, es wurde ein Taburett hinter ihn gestellt. Einige Augenblicke später sagte dann der König ›Mein Bruder, setzen Sie sich doch!‹ Er machte eine Referenz und setzte sich bis zum Ende der Mahlzeit, sodann reichte er die Serviette.«

Es gab bei Ludwig also keine großen Tafelgesellschaften, es gab nicht die gepflegte Unterhaltung beim Essen. An einer anderen Stelle erklärte Saint-Simon unmissverständlich: »Außer bei der Armee hatte der König niemals mit jemand zusammen gespeist, wo immer dies auch gewesen sein möge.

Nicht einmal mit einem der Prinzen von Geblüt, die nur bei ihren Hochzeitsfeiern in Gegenwart des Königs speisten, wenn der König die Hochzeit ausrichtete.«

ALS DAS DINER ERFUNDEN WURDE

Etikette also als Machtmittel, so fein und genau ausgeklügelt, dass sich dieser riesige Hofstaat Tag und Nacht wie in einem zeremoniellen Tanz bewegte. Das wäre nur eine historische Anekdote, wenn zur Barockgesellschaft nicht auch die Verfeinerung der Tischsitten gehört hätte. Das Diner mit dem ausgesprochenen Menü war an die Stelle des wahllos zusammengestellten Sauf- und Fressgelages getreten; die klassische Reihenfolge der Gänge – *Entrée, Hors d'œuvre, Relevé, Entremets, Braten, Entremets, Dessert* – formiert. Diese Diners beschränken sich natürlich auf die gehobene Gesellschaft. Man lädt bestimmte Personen ein, die so zueinander passen, dass eine geistreiche Konversation das Essen würzt.

Das Essen wird zur Kunst erklärt, viele Gerichte der feinen Küche tragen Namen von Ludwigs Zeitgenossen oder Freunden, und das Zeitalter der berühmten Köche strotzt von Geschichten und Anekdoten über deren Arbeit, Verschwendung, Witz und Einfluss. Sie sind die Theoretiker der feinen

Tafel, haben Bücher über Tischsitten und das Decken und Dekorieren der Tafel geschrieben, die bis heute gültig sind. Auch die Sprache der Küche und der Speisekarten wird französisch.

Damastene Tischwäsche, kunstvoll als Schwan, Sonne, Pyramide gebrochene Servietten, verschiedene Gläser für die einzelnen Weinsorten, Tafelaufsätze, Kompottschüsseln und das speziell werdende Besteck, Blumenschmuck auf der Tafel, überhaupt die *salle à manger*, der vom Salon abgetrennte, eigens zum Essen bestimmte Raum – alles stammt aus dem Barock, dem Ursprung der definitiven Form. Die Meisterköche betragen sich, ihrer Würde und Wichtigkeit bewusst, wie ihre Herren, ja korrigieren diese sogar und formen durch ihre Vorschriften den Lebensstil mit. Sie kosten ein Vermögen und legen auch fest, dass die Nahrungsmittel nun hervorragend zu sein haben. Und die Eleganz und die Appetitlichkeit des Anrichtens macht die Esssitten zierlicher und modern.

Ludwig aß zwar noch nach alter Sitte nur mit dem Löffel, dem Messer und den Fingern, aber der Gebrauch der Gabel wird Usus. Ludwigs Schwägerin Liselotte von der Pfalz schrieb: »Man hatte der guten Manieren wegen dem Herzog von Burgund und seinen beiden Brüdern beigebracht, sich beim Essen der Gabel zu bedienen. Aber als sie zum Souper des Königs zugelassen wurden, wollte dieser nichts davon wissen und verbot es ihnen.«

Jeder hat ein Glas für sich, und es setzt sich durch, dass man für jeden Gang frische, saubere

Teller erhält. Da man sich gegenseitig mit dem Löffel die besten Bissen auf den Teller legt (wenn ein Herr recht wohlerzogen sein wollte, leckte er den Löffel vorher ab), wird der Vorlegelöffel erfunden, mit dem man sich dann im Laufe der Zeit aus den Schüsseln bediente, ohne mit dem eigenen Esslöffel ins Gemüse zu fahren. Ludwig aß, nachdem er sein Gold- und Silbergeschirr seiner Kriegsschulden wegen hatte einschmelzen lassen müssen, von Steingut, und gleich ihm wird die feine Gesellschaft von Lakaien bedient, von Profis, die genau und unaufdringlich funktionieren und die Pagen, junge Leute aus dem Adel, abgelöst haben.

Ludwig, ein Pünktlichkeitsfanatiker, hatte seinen ganzen Tageslauf mit der Präzision eines Uhrwerks entworfen, und nach ihm bekam der europäische Alltag seine neue Einteilung. Der Tag des Königs begann um acht Uhr, und wie in einer grandiosen Oper rauschte der Vorhang seines Prunkbettes zurück.

Von zehn bis zwölf: Arbeit mit den Ministern in vollkommener Abgeschlossenheit. Nach zwölf das einsame Mahl in der Öffentlichkeit seines ganzen Hofes, der den Speisesaal füllte. Danach: kurze Ruhe oder Besuch einer Favoritin und dann Spaziergang oder Jagd oder Oper oder Komödie. Im Winter empfing der König dreimal in der Woche von sieben bis zehn Uhr die ganze Hofgesellschaft. Bei diesen offenen Empfängen gab es das erste kalte Büfett unserer Kulturgeschichte. Fand kein Empfang statt, so gab es um acht Uhr das ebenso spektakuläre Abendessen im Kreis der Familie und danach das nicht minder zeremonielle Schlafengehen.

Aus diesem Entwurf ist uns vieles zur Grundlage unserer Tischgesellschaft geworden. Wieder gilt die Zweiteilung: Wir haben die unterdessen von allerlei Herstellern von Porzellan, Steingut, Tafelwäsche geförderte Freiheit, den Tisch zu decken, wie wir wollen. Mit Damast, mit Sets, mit Tischläufern, ohne alles, mit Blumen oder Rosenblättern, mit Besteck aus Silber oder rostfreiem Stahl.

Aber die Grundstrukturen aus Versailles geben bis heute den Ton an. So hat der französische Adel im Jahrhundert danach in seinen Pariser *Hôtels*, wie man die Stadtpaläste nannte, gefeiert und empfangen. Und weil dieser Stil so beliebt war und der standesbewussten Gesellschaft so gut entsprach, übernahmen nach der Ermordung dieses Adels in der Französischen Revolution die Gasthäuser die Idee und den Namen und die Architektur. Sie bauten Hotels und Grandhotels, richteten sie ebenso prachtvoll ein und führen das Schauspiel des Menüs bis heute auf, mit allen Akten, die zur Zeit des Sonnenkönigs aufgeschrieben worden sind.

Wenn man jedoch heute den Frühstückssaal eines Hotels betritt, denkt man eher an Hans Sachs und könnte einem Kind am Benehmen der Gäste ganz leicht exemplifizieren, wie man sich nicht benehmen sollte.

Sie lassen sich, noch nicht gekämmt, auf einen Stuhl fallen. Kratzen sich Bauch und Schädel, gähnen mit offenem Mund, spreizen die Beine und strecken sie so weit aus, wie es geht. Kommt die Bedienerin und fragt nach den Wünschen, lautet die Antwort ohne Danke und Bitte und weitere Wörterverschwendung »Kaffee«.

Dann geht es ans Büfett, Teller vollladen bis zum Überschwappen, Ausbreiten der Beute und Rumbohren in den kleinen Butter- und Marmeladenpackungen. Arm zwischen Teller und Brust auf dem Tisch, Gerede mit vollem Mund und Messergeschwenke in der Luft. Und so weiter.

Nur zwei Punkte: Man überlädt sich nicht den Teller. Keine Angst, wenn die Wurst- und Käseplatten leer sind, werden frisch gefüllte aus der Küche gebracht und aufs Büfett gestellt. Und wenn es schon Butter und Marmelade in diesen kleinen Plastik- oder Metallförmchen gibt, so reißt man sie an der Lasche auf und leert den Inhalt mit einem Teelöffel auf den Teller. Und wenn man schon das Messer benutzt, so leckt man es danach nicht ab.

Das Hotel kann auch die Bühne für die nächste Szene sein. Jetzt ist es Mittag oder Abend. Man ist eingeladen. Zu einem Abendessen beim Gastgeber oder zum Dinner ins Restaurant. Man bedankt sich je nach ihrer Art mündlich oder schriftlich, auf jeden Fall rechtzeitig für die Einladung.

Doch das ist nicht alles. Der Gast hat mit seiner Zusage eine Art Vertrag geschlossen, und zwar darüber, dass er seine Rolle, nämlich die des Gastes, akzeptiert. Tut er das nicht, benimmt er sich schlecht und zeigt sich undankbar. Dann wird er, wenn er Pech hat, nie wieder eingeladen. So gerecht ist manchmal das Leben.

GAST UND GASTGEBER

Wie sieht nun diese Rolle des Gastes aus? Sie ist uralt, braucht nie verändert oder renoviert zu werden und ergibt sich aus der Leistung des Gastgebers. Dieser kocht entweder selbst oder bezahlt für das Kochen, er stellt sich auf seine Gäste ein, bemüht sich, dass sie es so angenehm wie möglich haben.

Also erscheint der Gast als Erstes pünktlich. Zweitens dem Anlass entsprechend angemessen gekleidet, drittens bringt er nicht noch einen Fremden mit »Er war gerade bei mir im Büro, und weil ich eh zu dir zum Essen wollte …«

Nee, mein Lieber! Schon das Spiel verloren. Ein Gastgeber ist keine Kneipe und keine Kantine und auch kein Kindergarten, wo es auf ein Kind mehr oder weniger nicht ankommt. Allerdings kann der bereits eingeladene Gast fragen: »Ich habe gerade einen Vetter aus Dresden zu Besuch. Darf ich ihn mitbringen?«

Egal ob der Gastgeber in sein Haus oder ins Restaurant einlädt, er allein besitzt das Recht der Entscheidung. Er weiß, ob er einen weiteren Stuhl an den Esstisch schieben kann und ob sich das vielleicht genau ausklamüserte Menü in seinen ebenso ausklamüserten Bestandteilen strecken lässt. Ob er bei einem Restaurantessen für einen Unbekannten die nicht ganz unbeträchtliche Summe pro Kopf ausgeben will. Oder ob er seine Gästeliste so ausgewogen zusammengestellt hat, dass ein Unbekannter stören würde.

»Ach«, lautet der Einwand, »soll er sich nicht so anstellen! Ich kann ja meine Zeche selbst bezahlen!«

Davon ist der Gastgeber gewiss überzeugt. Dieser Einwand zeigt jedoch, dass ein Gast die Grundregel nicht begriffen hat. Ein Gastgeber öffnet sein Haus, und auch ein gemieteter Restauranttisch spielt im Augenblick der Einladung »das Haus«, ist also Sinnbild, Symbol. Und Gastgeber sind Herren in diesem Haus.

Es gibt andere, lockerere Formen der Gastlichkeit: »Aufgefordert und nicht eingeladen« zum Beispiel, was besagt: Alle sind aufgefordert, sich am Tisch zu treffen, aber sie zahlen, weil »nicht eingeladen«, für sich selbst – was natürlich nicht ausschließt, dass in diesem Kreis der Selbstzahler jemand einen anderen einlädt.

Bringt der Gast nun diesem Gastgeber Blumen mit? Nimmt er die Blumen ins Restaurant mit? Ich, gern und oft Gastgeberin, kann diese altmodische Sitte nur preisen: Ja, der Gast kann Blumen schenken, wenn er Lust dazu hat. Es ist aber keine Pflicht, und Blumen spielen nicht die Rolle des Eintrittsgeldes. Falls sich der Gast für Blumen entscheidet, so möge er sie bitte am Vormittag des Gastgelages ins Haus schicken lassen oder am Tag danach. Am Vormittag kann ich sie in aller Ruhe in Empfang nehmen, in Vasen versorgen und Wohnung und Esstisch damit schmücken. Am Tag darauf gilt das Gleiche, und in beiden Fällen entfällt das Papiergeraschel und die verlegene Frage: »Wohin darf ich ...?« Außerdem die Rennerei mit Blumen und Vasen, während schon der nächste Gast an der Tür klingelt oder meine Suppe überkocht.

Blumen sind nicht nur keine Eintrittskarte, sie stellen auch einen Prüfstein für den Gast dar. Er sollte sie also nicht bei seinem Erscheinen mitbringen, um mit der Größe des Straußes, mit der Seltenheit der Gewächse anzugeben und die anderen Gäste sichtbar zu übertrumpfen. Blumen sind als Dankgeste für den Gastgeber gedacht, und deshalb ist es so elegant wie korrekt, sie am Tag danach mit einer Begleitkarte und ein paar Worten des Dankes schicken zu lassen. Auch wenn dann keiner außer dem Gastgeber sieht, wie viel man für die Blumen hat springen lassen.

Und Blumen im Restaurant? Lieber nicht. Weiß der Gast, wie der Gastgeber heimkommt? Vielleicht zu Fuß. Vielleicht per Rad. Selbst wenn er ein Auto besitzt – wohin mit den Blumen während des Essens? Also lieber einen Blumendank am nächsten Tag schicken lassen.

Nun wäre das Problem der Blumen erledigt. Der Gast wird in den Raum geführt, in dem sich alle versammeln. Kennt der Gast alle anderen Gäste? Wenn nein, wird ihn der Gastgeber bekannt machen, meist der Reihe nach oder wie es sich ergibt. Wobei es logisch ist, dass der Unbekannte zuerst den Älteren oder dem Ehrengast – falls es einen gibt – vorgestellt wird. Ist die Runde zu groß, so stellt sich der Neue selbst vor und sagt, wer er ist und wie er zum Gastgeber steht, damit die anderen wissen, ob sie gleich nach einer gemeinsamen Großtante oder nach der Fusion zwischen Alpha und Omega fragen können.

Sind die Gäste so zahlreich, dass sie an verschiedenen kleineren Tischen untergebracht sind, so stellen sich die Tischgenossen gegenseitig vor, damit sich das Gespräch nicht erst ewig ums Wetter drehen muss, ehe man entdeckt, wer der Nachbar wirklich ist. Dieser Fall setzt eine Tischordnung mit Tischkarten voraus. Da braucht man nur lesen zu können, und schon hat man seinen Platz gefunden. Falls es sehr viele Tische gibt, hängt gewöhnlich ein sogenanntes *Placement* an der Tür zum Speisesaal, ein Plan der einzelnen Tische und eine Namensliste der Personen, die an den verschiedenen Tischen sitzen werden. Steht ein einziger Tisch zur Verfügung, so stürzt sich der Gast nicht auf den besten Platz, nach dem Motto: Hauptsache, ich sitze gut! Er wartet seiner Rolle gemäß auf den Hinweis des Gastgebers, der gewiss eine Tischordnung im Kopf hat und sagt: »Bitte hier Platz zu nehmen.«

Endlich sitzen alle. In der Privatwohnung läuft es ab jetzt nach dem Plan des Gastgebers. Im Restaurant bekommt der Kellner mit der Speise- oder Weinkarte seinen Auftritt. Vielleicht hat der Gastgeber aber auch hier alles arrangiert, dann bleibt lediglich die Frage nach dem Getränk.

Wer daran denkt, dass er eingeladen ist, wird sich automatisch nicht an den Ober oder Kellner, sondern an den Gastgeber wenden: »Wenn Sie nicht anderes vorgesehen haben, hätte ich gern zum Fisch einen Schluck Weißwein und danach Rotwein.« Wer ein zweites Glas Wein oder nach dem Essen einen Portwein oder ein Bier trinken möchte, ruft ebenfalls nicht nach dem Ober, sondern fragt den Gastgeber um die Erlaubnis zur Bestellung oder bittet ihn, das Gewünschte bringen zu lassen.

Das gilt für alles. Der Gast befindet sich auf keiner Werbeveranstaltung oder Industrieeinladung, wo er sich, wie man regelmäßig beobachten kann, auf Kosten des anonymen Gastgebers die Hucke vollschlagen und noch beim letzten Wodka selig seufzen kann: »Die Firma zahlt's ja!«

So ein Umgang mit unechten Gastgebern hat manche Sitte verdorben und manche Kränkung verursacht. Dabei ist die Sache einfach: Der Gast ist König, und die erste Tugend eines Königs lautet:

Höflichkeit. Dazu gehören Rücksicht und Hintanstellung des eigenen Ichs, mag es noch so angesehen und hochgestellt sein.

Der Gast wartet also, bis ihm etwas angeboten wird. Er langt nicht stumm und entschlossen quer über einen gedeckten Tisch, sondern bittet um alles, was er vielleicht braucht. Der Gast benutzt seine Serviette und wischt sich den Mund ab, ehe er zum Glas greift. Er packt ein Wein- oder Sektglas nicht an der Cuppa, dem Kelch, auch wenn er das tausendmal im Fernsehen und in schlechten Filmen gesehen hat, sondern am Stiel, der so lang ist, damit die Handwärme nicht die Temperatur und den Geschmack des Weins verändern kann. Der Gast schüttet den Wein nicht in den vollen Mund, sondern schluckt zuerst.

Der Gast redet und schwadroniert nicht, er hört den Tischnachbarn zu und fällt ihnen nicht in die Rede. Falls der Gast männlich ist und auf der rechten Seite seine Tischdame hat, so kümmert er sich um sie, lässt sie nicht stumm und unbeachtet neben sich sitzen, sondern beginnt ein kleines Gespräch mit ihr. Mein Schwager sagte immer, das sei ganz leicht. Man brauche nur zu fragen: »Haben Sie Geschwister?« Falls sich aus dieser Frage ein interessantes Gespräch entwickelt, spielt der Gast nicht den Besserwisser, selbst wenn er es besser weiß.

Und falls er rülpsen muss, bitte leise, mit geschlossenem Mund und hinter der Serviette.

Der Gast denkt schließlich auch an die anderen Gäste und verhilft ihnen zu dem, was sie haben möchten, hilft Älteren beim Hinsetzen und Aufstehen, hebt heruntergefallene Servietten auf, was er freilich im Restaurant dem Kellner überlassen sollte, kurz: Er ist eine Zierde der Tafel und eine Freude für den Gastgeber und hätte dies alles bei Hans Sachs nachlesen können.

ESSEN ALS TEST

Eine Sonderform des Essens ist das Geschäftsessen. Es hat in unserer eher dem Formlosen zugeneigten Gesellschaft so etwas wie den Charakter einer Reifeprüfung angenommen. Durch nichts wird das jeweils akzeptierte gute Benehmen so genau definiert wie beim Essen. Wie einer das Messer fasst oder ob und wie er das Brot bricht – alles wird wie bei einer Klassenarbeit mit Noten bewertet, und nur der, der genug Einser einheimst, wird Mitglied im Club.

Beim Geschäftsessen geht es nicht unbedingt zuerst ums Essen, sondern, wie das Wort ja sagt, um Geschäfte. Erst wenn man beim Essen viele gute Geschäfte abgeschlossen hat und anfängt, sich diejenigen zum Essen einzuladen, die die Geschäfte einst weiterführen sollen, kann man auch das Essen genießen. Und dann birgt es auch keine Schrecken und keine Fußangeln mehr.

Für den Neuling hingegen scheint es eine Menüfolge von Fettnäpfchen zu sein, und es nutzt ihm nichts, dass er vielleicht ein Kenner der thailändischen Küche ist oder Spaghetti auf zwölferlei Arten auf seinen echt toskanischen Küchentisch stellen kann.

Beim Geschäftsessen geht der Vorhang noch einmal für das ewige, unsterbliche Pracht- und Staatstheater der Etikette auf. Ist man also zum Geschäftsessen eingeladen, so erscheint man pünktlich, wartet geduldig, bis der Gastgeber kommt, bestellt sich keinesfalls auf dessen Kosten und voreilig den Aperitif, denn das könnte schon als Neigung gepunktet werden, bedenkenlos auf Kosten anderer zu leben.

Kommt der Gastgeber oder die Gastgeberin nun, so steht man auf, begrüßt und lässt sich mit den anderen Gästen bekannt machen, falls es welche gibt und man ihnen unbekannt ist, und den Älteren, den Damen und den Vorgesetzten wird man vorgestellt. Dann plaudert man ein paar Minuten, kein Klatsch! Nicht verlocken lassen, Abfälliges über Kollegen oder Konkurrenten zu äußern, um sich selbst herauszustreichen. Eigenlob stinkt, sagten wir als Kinder, und Diskretion ist Ehrensache.

Bei Tisch geht's wie bei einem normalen Essen zu, und eben dessen internationale Regeln werden als bekannt vorausgesetzt. Also: Warten, ob sich der Gastgeber eine Sitzordnung ausgedacht hat, die dem Sinn und Zweck des Geschäftsessens entspricht. Warten, bis sich alle anderen am Tisch eingefunden haben, und dann erst darf man sich mit den anderen setzen. Der Gastgeber hat höchstens den Ehrengast oder den wichtigsten Gast zu der

Dame geführt, die dieser zu Tisch führen soll, und dann sind die Herren für ihre Tischnachbarinnen verantwortlich. Sie ziehen der Dame den Stuhl vom Tisch, damit sie sich setzen kann, fragen, ob sie einen Wunsch hat, schieben den Stuhl an und setzten sich selber.

Auch in einer reinen Männergesellschaft wartet man höflich, bis die anderen Platz nehmen, ist vielleicht einem älteren Herrn behilflich, setzt sich dann gerade auf seinen Stuhl und fläzt sich nicht in denselben, und selbst wenn einige Herren beim Aperitif geraucht haben, gilt beim Essen: striktes Rauchverbot.

Der Gastgeber hat vermutlich das Menü ausgesucht. Falls nicht, schaut der Gast in die Speisekarte, die ihm der Kellner reicht. Der Gastgeber fragt dann: »Was haben Sie sich ausgesucht?«

Man sagt es, und wenn man sich nicht sicher ist, bespricht man das Fragliche mit dem Gastgeber. Man sollte sich aus falscher Bescheidenheit nicht das billigste Gericht aus der Karte aussuchen, ebenso ganz gewiss nicht das allerteuerste und auch nichts, was man noch nie gegessen hat. Und wenn der Gastgeber fragt: »Was halten Sie von einem Dutzend Austern als Vorspeise?« Na, was halten Sie davon? Glibberige, blasse Tiere, die man lebendig schluckt? Und wer weiß, wie die aktuelle Umweltlage in ihrer Ecke vom Atlantik gewesen ist? Also nichts als Grauen? Dann nur Mut gefasst und locker geantwortet: »Nein danke. Ich würde stattdessen gern die Krabben versuchen.«

So hat der Eingeladene gleich bewiesen, dass er nicht brav und gehorsam alles schluckt, was man ihm vorsetzt.

Ein guter Gastgeber hat sicher das Getränk ausgesucht, und wenn er seinen Prüfling nicht reinlegen will, hat er ein Menü ohne das zusammengestellt, was nicht jedermanns Geschmack ist: zum Beispiel Innereien, Seeigel oder Schweinepfoten, auch nichts extrem Gewürztes oder das, was sich nur etwas widerborstig beim Aufgabeln verhält, wie zum Beispiel Schnecken, Krebse oder manche Muscheln.

Beim vorbestellten Essen hat der Gast, während er die schön gebrochene Serviette vom Platzteller nimmt, auf den ersten Blick, nämlich aufs Besteck, gesehen, was es geben wird. Denn rechts und links neben seinem Teller liegt das Besteck in der Reihenfolge, wie serviert wird. Man braucht also nur nach dem jeweils äußeren Teil zu greifen.

Hat der Gastgeber für den Gast nach der Karte bestellt, so wird der Kellner mit einem kleinen Tablett neben dem Gast auftauchen und dessen Besteck nach dieser Bestellung umtauschen oder ergänzen.

Oben quer liegen Löffel und Gabel fürs Dessert, oben links steht der kleine Brotteller mit extra kleinem Messer. Manchmal liegt bereits ein Brötchen auf dem Teller, manchmal steht eine Schale mit kleinen Brotscheiben auf dem Tisch, manchmal werden die Brötchen noch warm vom Ofen serviert.

Jedenfalls sind diese kleinen Brotstücke mehr als Dekoration gedacht, damit der Tisch nicht so leer ist, bevor der erste Gang serviert wird. Man darf das Brötchen freilich nicht missverstehen. Es soll keinen Hunger stillen. Es ist keine Frühstückssemmel. Man schneidet es also nicht durch, man beschmiert es auch nicht mit Butter wie die berühmte Butterbemme, man beißt eben nicht ab.

Man merkt schon, dieses Stück Brot hängt mit den kleinen Gesten zusammen, die wie Geheimzeichen gehandelt werden, vollkommen sinnlos sind, aber gerade deshalb so aufmerksam registriert werden. »Der isst das Brot wie eine Stulle!« Aus. Vorbei. Der Gast kann eigentlich nur noch aufstehen und sich kleinlaut entfernen.

Wie hätte er es denn machen sollen? Erstens brechen, nicht schneiden. Das Messerchen liegt nur für die Butter da. Dann tupft man also etwas Butter auf ein Brotbröckchen und schiebt es in den Mund. Oder man isst das Brotbröckchen trocken. Man muss übrigens nicht das ganze Brötchen runterwürgen. Man kann es einfach liegen lassen. Eleganz und Sicherheit zeigt sich auch im Überfluss.

Schließlich folgt ein Gericht nach dem anderen, zu allererst das sogenannte *Amuse gueule*, eine Gaumenfreude, eine kulinarische Visitenkarte des Kochs. Gabel anbei.

Dann beginnt das Menü mit der Suppe. Wenn klar und in Tassen: entweder löffeln oder trinken. Wenn heiß: nicht so pusten, dass alles besprüht wird, lieber etwas warten. Wenn gebunden, mit Einlage und im Teller: löffeln. Wenn heiß, pusten wie oben oder sachte kühlrühren. Die Suppe soll im

Teller bleiben. Auf jeden Fall den Suppenteller auf dem Unter- oder Platzteller stehen lassen. Nicht kippeln, um die allerletzten Tropfen mitzukriegen – das tun Kinder mit ihrer Lieblingssuppe. Kippeln wäre also ein Zeichen von ungezähmter Gier. Im Restaurant bekommt man übrigens manchmal sogar ein zweite Portion Suppe angeboten.

Wie man den Suppenlöffel hält? Nicht so zupacken wie ein Kleinkind, sondern so, wie man zum Bleistift greift. Bei uns steckt man die Löffelspitze in den Mund. In England trinkt man von der Seite. In beiden Fällen gilt: Den Löffel nicht so randvoll füllen, dass er eine Kleckerspur hinterlässt.

Vorspeisen sind fast immer gebrauchsfertig angerichtet. Man muss die Köstlichkeit nur auf die Gabel laden – aber bitte nicht zu üppig, dass die Hälfte gar nicht in den Mund gelangt, sondern auf beiden Seiten runterfällt. Mit dem Vorspeisenmesser lieber eine etwas kleinere Portion zurechtstupsen und stauchen, dafür ist es da.

Wie man Messer und Gabel hält? Wie man es bei seinen Tischnachbarn sieht und seit Ewigkeiten um sich herum gesehen hat. Das Halten ist nicht das Problem, sondern das Hantieren. Man redet nicht mit den Händen, in denen man Messer und Gabel hält. Man deutet nicht mit Messer und Gabel auf Menschen oder Dinge. Man greift nicht, noch das Messer in der Hand, nach etwas anderem, etwa dem Salzfass oder der Saucenschüssel.

Man legt benutztes Besteck nicht aufs Tischtuch, außer man findet ein Messerbänkchen rechts oben neben dem Teller, sondern man legt das Besteck auf den Teller, in der Stellung, in der Uhrzeiger um zwanzig vor vier stehen. Möchte man ein weiteres Mal serviert bekommen, so kreuzt man Messer und Gabel leicht. Hat man genug, so legt man Messer und Gabel parallel und schräg auf den Teller.

Linkshänder haben sich gewiss längst an die Vorherrschaft der Rechtshänder gewohnt. Ist ein Saucenlöffel gedeckt, sollten sie trotzdem um einen normalen mittleren Löffel oder einen Dessertlöffel bitten, weil der Saucenlöffel gerade auf der Esshälfte des Linkshänders den Wulst hat, der der Sauce zwar Halt gebieten soll, deshalb aber auch verhindert, dass sie einem genüsslich in den Mund rinnen kann.

Beim Fischmesser muss der Linkshänder schauen, welches Modell hingelegt wurde. Mit manchen können Linkshänder problemlos hantieren. Ansonsten ist es nicht unhöflich, wenn man statt des Rechts-Fischmessers um eine zweite Gabel bittet.

Das Hauptgericht wird serviert und bietet kein Problem. Trotzdem ist ein Blick in die Runde ratsam. Was machen die anderen? Oder dem Gastgeber freimütig gestehen: »So etwas hab ich noch nie gegessen! Wie fang ich das an?« Das ist kein Zeichen von Schwäche, sondern im Gegenteil eins von Selbstsicherheit. Wenn man Wissenslücken zugibt, wird einem geholfen. Schweigt man aus Angst, kann man ganz schön in die Klemme kommen.

Auf jeden Fall sollte man das Besteck benutzen,

und falls es so etwas wie nicht entbeinte Stubenküken oder Perlhühner gibt, nicht mit den Fingern nach den Schenkelchen greifen und diese benagen. Wer am korrekt gedeckten Tisch sitzt, von dem wird erwartet, dass er mit Messer und Gabel umgehen kann. Dass also sein Teller nach dem Fleisch-, Fisch- oder Geflügelgang nicht wie ein Schlachtfeld aussieht.

Man braucht sich eigentlich nur einmal in Ruhe beim Fleischer oder im Fischgeschäft die Anatomie der Tiere einzuprägen. Dann weiß man, wo Knochen und Gräten sitzen, dann kann man Messer oder Gabel so ansetzen, dass sich das Fleisch leicht vom Knochen löst. Dies ist aber lediglich zur Vorsicht gesagt, denn ein guter Gastgeber sorgt dafür, dass sein Gast, ob in Geschäften oder nicht, entspannt ist und sich wohlfühlt.

Wie es mit den Getränken steht? Der Gastgeber wird wie gesagt vorschlagen, was zum jeweiligen Gericht passt. Und der Gast wird selber am besten wissen, dass er nur dann einen klaren Verhandlungskopf behält, wenn er eher nippt als kippt. Er wird außerdem neben seinen leeren Weingläsern ein Wasserglas vorfinden, sodass er sich damit begnügen kann.

Hat er einen Wein ausgesucht, so trinkt er auf jeden Fall erst, wenn der Gastgeber sein Glas erhebt. Ob indessen ihm zugeprostet wird, merkt der Gast. Dann erwidert er leicht und elegant. Ansonsten kann er es lassen. Dafür tut er dem Wein die Ehre an, beachtet Farbe und Aroma, kippt den Wein nicht wie Saft hinter die Binde, sondern trinkt in kleinen Schlucken. Er trinkt nicht mit vollem Mund und fasst das Glas nicht am Kelch, sondern am Stiel.

Ansonsten gelten die uralten Regeln: Er kaut nicht mit offenem Mund und redet nicht mit vollem. Er benutzt keinen Zahnstocher, und wenn er das Essen hinter sich gebracht hat, öffnet er trotzdem nicht irgendwelche Knöpfe oder schiebt den Krawattenknoten nach unten und lehnt sich rülpsend zurück. Haltung bewahren bis zum Espresso oder Schwarzen als Abschluss ist besser.

Zur Kleidung ist schwer etwas zu sagen. Da heute jede und jeder alles trägt und öffentlich tragen kann, muss jede und jeder für sich allein entscheiden, was angemessen erscheint. Wer zum ersten Mal zu einem Geschäftsessen eingeladen wird, sollte beim Gastgeber oder bei seiner Sekretärin nachfragen, welche Kleidung üblich ist. Sonst sitzt man als Halbnackte mit Spaghettiträgern zwischen lauter adretten Damen im grauen Flanellkostüm mit Schluppenbluse oder als einziges T-Shirt zwischen Anzügen mit Weste. Ob man sich diesen Gag gerade bei einem Geschäftsessen leisten will oder kann, muss man selber wissen.

Bedankt man sich? Natürlich. Gleich danach, jedoch ohne Aufwand, Angabe und Gegengabe. Fand das Geschäftsessen allerdings im Haus des Gastgebers statt, so bekommt die Dame des Hauses am nächsten Tag einen Blumenstrauß mit Dankeschönkärtchen vom Floristen geschickt.

Und auf das Tablett in der Garderobe legt man

das Trinkgeld fürs Personal. Nicht zu geizig, nicht zu großkotzig. Vom Mittelalter bis in die Barockzeit hinein war das die vornehmste Bürgertugend: *mâze*, das rechte Maß, der goldene Mittelweg.

EIN KUSS ZUM SCHLUSS?

Das Essen ist vorbei, alle stehen draußen vor der Tür und verabschieden sich voneinander. Was nun? Zum Abschied einen Kuss? Der Dame vom Herrn? Einen Handkuss? Wie auch immer, alles wäre früher absolut unmöglich, unpassend, unsittlich und alles andere Entsetzliche gewesen. Eine Dame, die sich öffentlich küssen ließ! Da sind wir gleich bei solchen Opern wie »La traviata«. »Wenn wir uns küssen wollten«, erzählte mein Patenonkel voller Behagen, »so sind wir auf den Bahnhof gegangen. Gegen Abschiedsküsse konnte keiner etwas haben. Und sobald der eine Zug abgefahren war, sind wir auf den andern Bahnsteig gerannt.«

Das war damals, als sich dieser Patenonkel während des Studiums sein Geld als Drache in Fritz Langs »Siegfried«-Stummfilm verdiente, drinnen in dem Ungetüm steckte und das riesige Pappmaul auf- und zuklappen ließ.

Die Inflation hatte gerade alle gleichgemacht, doch die bürgerlichen Anstandsregeln galten weiter, zumindest als Wort. Man küsste also nicht in der Öffentlichkeit. Das war vollkommen selbstverständlich, genauso wie es als ungehörig galt, wenn ein Herr einer Dame in der Öffentlichkeit die Hand auf den Unterarm legte, und sei es in einem noch so interessanten Gespräch.

Also: keinen Körperkontakt, keine Gefühle zeigen. Heute fragt sich vielleicht manch einer: Gefühle? Was hat Küssen mit Gefühlen zu tun? Höchstens mit dem Gefühl der Angst. Durch den Speichel, mittels Tröpfchenübertragung, gerät man heute, falls man Pech hat, in die Gefahr so vieler Infektionen, dass man nur chemisch gereinigte Küsse zulassen dürfte.

Geküsst wird trotzdem besonders öffentlich gerne, denn für die Promis sind Küsse längst zu einer relativ preiswerten Werbemaßnahme geworden. Bei einer Gala und bei Film- oder Wohltätigkeitsbanketten küssen die Schauspieler routiniert locker und in die Luft, wohl wissend, dass es mit dem einen Kuss nicht sein Bewenden hat. Jeder Berühmte muss jeden Berühmten küssen, weil beim Küssen fotografiert wird, und nur wer fotografiert wird, ist berühmt und damit öffentlich existent. Bei solchen Küssen werden die Augen nicht geschlossen. Im Gegenteil, man hält mit gespitzten Lippen scharf Ausschau nach einem vielleicht prominenteren Kusspartner, mit dem man möglicherweise auf einer Titelseite landet.

Wenn sich nun Familienangehörige oder gute Freunde treffen, so wird geküsst, wie es kommt, mit Herzlichkeit und fest auf die Backe, und dabei spielt das Geschlecht der Küssenden keine Rolle. Herr darf Dame küssen, Dame darf Herrn küssen und muss sich nicht zieren, wenn ihr ein Kuss naht. Einer umarmt dabei den anderen, und keiner küsst nur fürs Foto. Das wäre dann Zufall oder ein Schnappschuss fürs Familienalbum.

Wenn die Kuss-Szene jedoch weder politisch noch familiär bestimmt ist, gelten auch heute die ganz altmodischen Regeln, die vor allem die Frauen vor ungebetener Aufdringlichkeit schützen. Wir sehen zwar fast täglich in den Fernsehnachrichten, wie die europäischen Premiers die deutsche Kanzlerin umarmen und küssen und umgekehrt, aber ihre Küsse sind natürlich nur diplomatische Gesten. Da kann es sich keiner leisten, nicht mitzuküssen.

Das hat freilich im ganz normalen Leben die Folge gehabt, dass mancher meint, er könne wie diese Staatsmänner und Staatsfrauen küssen. Das ist ein Irrtum. Jeder kann nach der folgenden Regel mitküssen oder es eben lassen.

Nicht der Mann küsst die Frau, sondern die Frau küsst, wenn überhaupt geküsst werden soll, als Erste. Sie besitzt das Recht, auszuwählen. Sie muss sich nicht von allen abknutschen lassen. Sie kann, wenn er so ungebildet oder stürmisch ist, dass er nichts von ihrem Recht weiß oder wissen will, zurückweichen und sich abwenden.

Weil Männer sich gerade in solchen Situationen leicht gekränkt und dann gelegentlich etwas tückisch benehmen, ist die Ausübung dieses urweiblichen Rechts manchmal eine heikle Aufgabe. Da steht der Frau die Tugend der Aufmerksamkeit zur Seite. Wenn man etwas kommen sieht, kann man eher ausweichen, von Hilfstruppen, die den Sturm abschneiden, ganz zu schweigen.

Manchmal kommt ein Kuss auch völlig unerwartet. Im März 1985 küsste ein Straßenräuber in aller Öffentlichkeit eine alte Dame in Baltimore, die bei seinem Griff nach ihrer Handtasche umgekippt war und gejammert hatte: »Ich bin doch schon gestern überfallen worden!« Der Räuber stellte die Frau kurzerhand auf die Füße, gab ihr einen Handkuss sowie die Handtasche zurück und entschwand.

»Das«, bemerkte die alte Dame, »war doch beste Erziehung!«

Mit Küssen kann man wirklich viel erreichen.

Nun bleibt nur noch die große Etikette-Frage: Küsst man Hände? Wie und wo? Wie steht es mit dem Handkuss unter freiem Himmel?

Der arme Handkuss. Immer wieder totgesagt, ausgeübt, verspottet, auferstanden. Also: Herr küsst Dame nicht wirklich die Hand, sondern die Luft über derselben. Das ist ja wohl bekannt, und es müsste lediglich ergänzt werden: Die Hand der Dame bleibt ungefähr in der Höhe des Herzens. Also reißt der Herr nicht die Hand nach oben, sondern neigt sich elegant darüber. Die Dame reckt dem Herrn die zu küssende Hand auch nicht so pathetisch entgegen, wie man es in manchen schlechten Filmen sieht. Weiter: Der Herr küsst keinen

Handschuh. Ob der Herr Damenhände unter freiem Himmel küsst oder nicht, wird heute nicht mehr so streng gesehen.

Ob man Kindern Handibussi beibringt oder nicht, hängt davon ab, ob man in einer Handibussi-Gesellschaft lebt oder nicht. Wenn einem Handküsse gefallen, lernt man sie auch später, als Erwachsener, ziemlich schnell.

Dann lernt der Herr auch, welche Dame keinesfalls auf die Hand geküsst werden will. Sie übt diesen gewissen leisen Druck nach unten just in dem Moment aus, in dem sich der Herr über ihre Hand zu neigen beginnt – aber keinesfalls so sportlich kräftig, dass der Arme vornüberkippt.

Gerade bei einem so sensiblen Gegenstand wie dem Kuss gilt die goldene Regel des guten Tons: nichts übertreiben.

DIE LETZTEN GESTEN DER HÖFLICHKEIT

Tod und Trauer. Man schlägt die Tageszeitung auf und liest in den Todesanzeigen: »Plötzlich und unerwartet …« oder »Nach langer schwerer Krankheit …«, und man erschrickt.

Ach, deshalb hab ich so lange nichts von ihm gehört. Oder: Das war doch meine alte Kollegin … Und man möchte den Hinterbliebenen spontan ein paar Worte sagen oder schreiben. Früher ging man am nächsten Tag ins Trauerhaus und sprach den Kindern oder der Witwe, dem Witwer sein Beileid aus. Heute sind die alten Gemeinschaften, sei es Familie, Kirchengemeinde oder Ortsgemeinde, zu groß oder ziemlich aufgelöst – und daher auch die althergebrachten Formen, in denen diese Ereignisse gelebt werden.

Ein Rückblick auf die Form, die etwa bis zum Endes des 20. Jahrhunderts üblich war: Ein Mensch starb, und es wurde in der Zeitung angezeigt, wann und wo geboren, wann und wo gestorben, akademische Grade, berufliche Titel, Namen der Hinterbliebenen, Traueradresse, die sagt, wohin man die Kondolenzbriefe schickt, Ort und Zeit des Trauergottesdienstes und der Beisetzung mit Namen der Kirche oder des Friedhofs oder der Nummer der Kapelle, damit man weiß, wohin man den Blumenstrauß oder Kranz schicken lassen kann samt Karte, damit der Trauernde erfährt, von wem dieser Gruß stammt.

Man wusste: Du musst den schwarzen oder dunklen Mantel oder Anzug anziehen, schwarze oder dunkle Strümpfe, Schuhe, Hut, die Herren weißes Hemd und schwarze Krawatte, Leute ohne Trauerkleidung wenigstens den schwarzen Trauerflor am linken Ärmel des hellen Mantels. Die Damen wenig Schminke und Schmuck, eigentlich nur Perlen, weil Perlen Tränen bedeuten.

So ging die Trauergesellschaft zum Requiem in die Kirche, oder sie traf sich vor der Kapelle des Friedhofs oder in deren Warteraum, trug sich in ein ausgelegtes Kondolenzbuch ein, begrüßte den oder die Hinterbliebenen kurz, redete nur mit gedämpfter Stimme, trat bei der Musik, die sich der Verstorbene oder dessen Familie gewünscht hatte, in die Kapelle, lauschte den Worten des Geistlichen und folgte dann dem Sarg bis zum Grab.

Heute lese ich in der »Frankfurter Allgemeinen«, wie jemand seinen eigenen Tod anzeigt. Heute höre ich von der Friedhofsverwaltung, dass sie Sorgen hat, ihre Gräber noch verkaufen zu können. Man lässt sich anonym beerdigen, wobei dieses Verb nicht mehr zutrifft, denn die Asche des Verstorbenen kommt nicht in eine Urne und in die Erde, sondern wird ohne Publikum auf einem Platz verstreut.

Sehr beliebt ist die Seebestattung geworden. Die Urne wird, begleitet von Hinterbliebenen und Freunden oder im Sammmeltransport anonym, also ohne Publikum, an einer bestimmten Stelle des Meeres ins Wasser geworfen.

Auch bei der Erdbestattung kommen neue Formen des Abschieds auf. War der Verstorbene weder religiös gebunden noch interessiert, so verzichten die Hinterbliebenen auf den Geistlichen und bitten einen Freund oder eine Freundin, einige Worte des Abschieds zu sprechen.

Andere Familien wollen gar kein Publikum. Sie zeigen den Tod gar nicht erst an, bringen den Verstorbenen allein unter die Erde und benachrichtigen Freunde und Kollegen erst danach von der vollendeten Tatsache per Zeitungsanzeige, Karte oder bei Gelegenheit mündlich.

Es gibt aber nicht nur den Verzicht auf die Nachricht. Man findet bei Todesanzeigen wie bei Geburts- und Heiratsanzeigen ganz neue Formulierungen. Zwar lässt der Anlass die meisten zu den überkommenen Redensarten greifen. Doch oft liest man lediglich den Namen des Verstorbenen, nicht einmal Geburts- und Todesdatum, und kann rätseln, ob es »plötzlich und unerwartet« war, ob der Name zu einem »treusorgenden Vater, Bruder, Schwager, Onkel oder Großvater« gehört oder ob sich »eine Unternehmerin von hohen Tugenden« dahinter verbirgt.

Kehren wir wieder an den Anfang zurück. Ich lese in der Zeitung die Todesanzeige und empfinde den Wunsch, den Hinterbliebenen zu schreiben. Das ist einer der fundamentalsten Wünsche, er hängt wahrhaftig mit Leben und Tod zusammen, mit meinem Leben, das noch währt, und mit dem Tod des anderen, zu dessen Leben ich gehört habe. Sein Tod führt mir vor Augen, was wir in dieser Lebenszeit gemeinsam hinter uns gebracht haben, was mich mit ihm verband, was ich mit ihm verliere – auch einen Teil meiner Erinnerung. Sein Tod führt mir die Nähe des eigenen Todes vor Augen, und das ist eine so mächtige und wahrhaft erschütternde Erfahrung, dass ich darüber nachdenken und sprechen muss. Ich brauche jetzt die anderen, die Freunde, die Verwandten. Ich brauche ihre Nähe, ich muss gar nicht viel reden und meinen Kopf nach Trostworten durchstöbern – ich brauche die anderen um mich herum wie eine Bestätigung, dass etwas geblieben ist, dass ich mit meiner Trauer und mit meiner Angst vor dem Tod nicht allein bin.

Früher wusste man, wie erschütternd dieses Gefühl ist, und hatte gesellschaftliche Formen entwickelt, die dem Einzelnen helfen können, sich nicht davon überwältigen zu lassen, sondern es auszuleben. In der Gemeinschaft der Familie, der Gläubigen, der Gemeinde. Das war und ist ein Trost.

Es ist ein Trost, wenn eine Witwe nicht allein hinter einer Urne oder einem Sarg gehen muss. Es ist ein Trost, wenn sie in die mitleidenden Gesichter von Freunden blickt und auf ihnen lesen kann: Du bist nicht verlassen. Wir lieben dich. Wir sind dir weiterhin und immer nahe. So lange wir leben. Es ist ein Trost, wenn die Trauernde Briefe lesen kann, weißes Papier, kein schwarzer Rand, der nur den Trauernden zusteht, kein Firmenkopf, kein Gefaxe, keine E-Mail, möglichst handgeschrieben oder – wenn Krankheit oder Alter die Handschrift zittrig machen – getippt, jedoch mit handschriftlicher Anrede und Unterschrift, Briefe, in denen ihr bestätigt wird, was für ein guter, tüchtiger, lieber, beispielhafter, kollegialer, humorvoller und so weiter Mensch ihr Mann gewesen ist.

Das sei nur Schönrederei, verlogen, verheuchelt, das übliche Klischee? Ach wirklich? Besitzt nicht fast jeder Mensch ein paar gute Seiten? Wie er tatsächlich war, weiß die Witwe vermutlich am besten. Aber wie gab er sich als Berufstätiger? Als Vorsitzender des Ruderclubs? Wie war er als Großvater?

Und kann man einer Witwe nicht etwas Gnade und Barmherzigkeit gönnen? Das Leben ohne ihn, sei er auch kein guter und tüchtiger und lieber etc. Zeitgenosse gewesen, ist vielleicht noch lang und einsam. Ein Hinterbliebener braucht Trost, nicht selbstgerechte Wahrheit.

So erfüllen Trauer und Abschiedsrituale auf dem Friedhof und in der Kirche mehr als eine gesellschaftliche Aufgabe. Und deshalb gehört es sich nicht nur, sondern hat überdies einen wichtigen Sinn, dass sich die Trauergemeinde nach der Beerdigung oder nach dem Gedenken in der Kapelle nicht einfach verläuft. Man sollte die Trauergäste danach zu einem Zusammensein bitten, das man gestalten kann, wie man mag. Rings um fast jeden Friedhof gibt es gemütliche Cafés. Es macht nicht viel Mühe, bei demjenigen, der den meisten Wohnraum hat, eine Suppe für alle vorzubereiten. Es ist befriedigend, sich um einen Wirtshaus- oder Restauranttisch zu setzen, ein Mahl zu essen, das dem Verstorbenen einst so gut geschmeckt hat, und noch einmal in Ruhe und möglicherweise sogar mit Heiterkeit über diese oder jene Erinnerung zu sprechen. Das ist ein Ausklang, den jede große Erschütterung braucht.

Ob der Hinterbliebene nun an den Himmel Gottes glaubt und daran, dass es dort ein Wiedersehen geben wird – hier auf Erden hat er ein Geliebtes verloren. Und ob er sechs Kinder und zwölf Enkel hat, seinem Alltag, seiner Zukunft wird das Wichtigste fehlen. Wie gut, wenn dann die Freunde, die

Gleichaltrigen um ihn herum sind, die diese Erfahrungen schon gemacht haben und ein tieferes Mitgefühl zeigen können als Jüngere, für die der Tod erst einmal nur ein Wort ist.

Früher schloss sich an das schmerzliche Ereignis das Trauerjahr an. Der Hinterbliebene trug Schwarz, als Frau einen Hut mit Trauerschleier, lebte still und zurückgezogen, besuchte keine lauten und lärmenden Veranstaltungen, ging auf keinen Ball und benutzte Briefpapier und Taschentücher mit schwarzem Rand. Heute ist das Äußere dieser Sitte sinnlos geworden. Seit Juliette Gréco und den Pariser Existenzialisten trägt alle Welt Schwarz. Hüte sind erst recht ein Gegenstand der Mode geworden. Vielleicht hat sich die Witwe bei der Beerdigung einen Hut aufgesetzt und einen Schleier herabgezogen, um ihr verweintes Gesicht zu verbergen, doch danach ist ein Hut mit schwarzem Voileschleier nicht mehr angemessen.

Allein der Trauerflor, das schwarze Stück Seidenband, das man sich über den linken Mantel- oder Jacken- oder Kostümärmel streifte, wirkt durch seine Seltenheit als das Signal, das die Trauerkleidung früher aussenden sollte. Wer dieses Zeichen nämlich sieht, stutzt einen Augenblick, fragt wahrscheinlich: Was soll das denn? Und wenn er nicht mehr weiß, was ein Trauerflor bedeutet, begreift er bei der Erklärung – »Ich habe meine Frau verloren!« –, dass sich ein Trauernder in einer Ausnahmesituation befindet, die mit keiner anderen zu vergleichen ist. Und dass dieses schmale Stück schwarzer Seidenjersey zum Ausdruck bringt: »Lass mich bitte in Ruhe. Ich bin in Trauer. Wenn ich wieder mit euch fröhlich sein kann, lege ich das Zeichen schon ab.«

Das Leben geht weiter. Hinter diesem banalen Satz steckt die Tatsache, dass die Kollegen im Büro, ohne viel nachzudenken, ihre albernen Witze reißen, die Kinder sich lautstark zanken, die Nachbarn ihre Karnevalsfröhlichkeit herumposaunen. Eine Bekannte, die ihren Mann verloren hatte, meinte: »Ich kann doch nicht jeden Tag wieder sagen: Ich bin in Trauer. Ich kann auch nicht Urlaub nehmen, um ungestört zu sein. Aber es tut mir weh, dass keiner an meinen Kummer denkt und auf mich Rücksicht nimmt.«

Der verwaiste Mensch ist in Trauer, und er lernt nicht nur die Gewalt, sondern darüber hinaus den Rhythmus der Trauer kennen. Sie braucht ein Jahr, um zu kommen und ein wenig zu vergehen. Sie führt uns als Einsame noch einmal durch den Jahreskreis. Das erste Veilchen ohne ihn, der erste Geburtstag allein, der erste Urlaub ohne den vertrauten Partner, die ersten Weihnachtslichter, die mir nicht wie immer der Gefährte entzündet.

Das muss durchgestanden werden, in Ruhe und in Geduld. Die alten Formen der Trauer haben dabei geholfen.

Was eine Königin erlaubte, zeigte wie in einem Lehrbuch für gute Sitten, dass Anstand überall gilt, gesellschaftliche Regeln aber nur im Bereich dieser Gesellschaftsschicht Gültigkeit haben.

Zum Empfang bei Queen Victoria war einst ein sehr reich gewordener Handelsherr geladen, der seinen Hut aufbehielt und sich so vor der Königin verneigte.

Sie schaute seinen Hut an, ließ ihm vom Oberst-hofmeister sagen, dass man den Hut vor seiner Monarchin zu ziehen habe, und verabschiedete ihn mit den Worten: »You may do that in Cairo, but not here!«

Nun führten den Mann seine Geschäfte bald darauf nach Kairo, er wurde auch dort zum Empfang beim ägyptischen König eingeladen und behielt seinen Hut auf. Große Aufregung, Skandal, wie kann er es wagen, vor der Majestät den Hut aufzubehalten. Er antwortete: »Unsere Königin hat mir erlaubt, in Kairo den Hut aufzubehalten.«

Das wird als Witz erzählt, und wie die wirklich guten Witze hat diese Geschichte ihre Hintergründe. In unserer Zeit fällt einem vielleicht zuerst die Kolonialherrenhaltung der Queen und des Handelsmannes auf. Zweitens gehört dieser in die Gruppe der Neureichen-Witze, deren Moral lautet: Geld allein macht noch nicht gesellschaftsfähig. Und drittens hätte der Witz keine Pointe, wenn der Erzähler und Zuhörer nicht zumindest noch eine

Ahnung von der formalen Kraft der alten Standes- oder Gesellschaftsunterschiede gehabt hätten.

»Dies und das tut man nicht.« Das ist die Gegenposition zu *Anything goes*, und es ist mehr als ein historisches Zitat. Man muss nicht die Queen Victoria oder ihr Hofmeister sein, um zu korrigieren.

Wenn man sieht, dass es unmöglich ist, eine allgemeine Übereinkunft über den Umgang miteinander zu erreichen, dann muss man es wie die Queen machen. Muss nach Wunsch und Gewissen die Grenzen bezeichnen.

Wenn die Söhne verstrubbelt, verschwitzt und noch hoch erregt vom Krach und von den Auseinandersetzungen in der Schule nach Hause kamen, sich wie eine Horde wilder Krieger an den Tisch setzten und noch blind für alles andere als das eben Überstandene waren, sagte ich: »So könnt ihr euch auf dem Schulhof benehmen, aber nicht hier!« Wenn sie alle neuen, unflätigen Flüche schon durchs Stiegenhaus brüllten, rief ich zurück: »Das könnt ihr im Sportclub sagen, aber nicht hier!«

Das klappt nicht immer, vor allem: nicht gleich. Aber das ist kein Grund, die eigene Position aufzugeben. Zum Anstand gehört auch die Beständigkeit, damit er zum Bestand eines Menschen wird.

Es gibt ein paar scheinbar ganz unerhebliche Kleinigkeiten, zu denen keiner »not here« gesagt hat und die zu klassischen Zeichen der akzeptierten Vergröberung unserer Sitten geworden sind. Jedermann, fast jedermann grüßt einen anderen mit Hi oder Hallo. Sollte man das goutieren? Ist Hallo nicht besser als stummes Gemuffele? Mag sein. Auf jeden Fall sollte der Hallo-Sager wissen, dass nicht jedermann so gegrüßt werden mag oder sollte.

Älteren steht »Guten Morgen« oder »Guten Tag« zu, und sie hören mit größerer Wahrscheinlichkeit lieber »Guten Abend« als »Hey«. Als Lehrling würde ich auch nicht den Chef mit Hallo begrüßen, zumindest nicht bei einem Gespräch, bei dem sich erst zeigen wird, ob der Betrieb eine Hallo-Gesellschaft ist oder nicht.

Man muss also wissen, dass das aus dem Amerikanischen importierte *Hello* seine Grenzen hat. Dass man auch lernen muss, mit »Guten Tag« zu grüßen. Vor allem dass man mit »Hallo, lieber Herr Meier«, keinen Brief beginnt. Der Fremde, Vorgesetzte, Würdige und die weibliche Person sind ohnehin der »Sehr geehrte Herr X.« oder die »Sehr geehrte Frau Y.« Erst eine gewisse Nähe erlaubt zum Beispiel einem jungen Kollegen, auf ein »Lieber Herr Müller« ebenso, also mit »Liebe Frau Y.« zu antworten.

Wenn ich einen Hallo-Brief von Leuten bekomme, die es eigentlich anders hätten schreiben sollen, antworte ich so distanziert, wie es mir die Korrespondenzformen erlauben: »Sehr geehrter Herr X.« und »Mit vorzüglicher Hochachtung« am Ende.

Ob diese Hallo-Grenzen allgemein sind? Wer seinen Freunden schreibt, kann so viel halloen, wie er will. Beim Computer oder Mobiltelefon siegt Hallo über alles andere, schon weil es so kurz ist.

Parallelwelten. Aber man muss sich der Unterschiede bewusst sein, denn es kann immer sein, dass man unversehens aus einer Hallo-Gesellschaft in eine Nichthallo-Gesellschaft gerät.

Aber niemals sollte man sich »Mahlzeit« angewöhnen. Darüber hat schon Kurt Tucholsky vor der Nazizeit als typisch deutsche Unsitte gespottet. Doch selbst die Dauer der Zeit hat aus ihr noch keine Sitte gemacht. »Mahlzeit« ist ein verräterisches Wort.

Zur Unsitte ist in Deutschland schließlich etwas geworden – blindlings von schlechten Übersetzern in die Literatur und in historische Romane eingeschleppt –, das bis ins Telefonbuch vorgedrungen ist. Wenn man dort jemanden aus Adelsfamilien zwischen den Arnims und den Zitzewitzen sucht, kommt man nicht bei ABC bis Z ans Ziel. Man muss unter V nachschlagen. Dort steht Von Arnim, von großgeschrieben, weil es die Amerikaner offensichtlich für eine Art Vorsilbe wie das schottische Mac oder das irische O' halten. Diese Verwirrung hat ganz plötzlich stattgefunden. Keiner hat die Betroffenen gefragt. Keiner hat sich vergewissert, ob das richtig ist. Es ist so da wie das Ungeziefer, das in Handelsschiffen über den Atlantik zu uns kommt und nicht mehr auszurotten ist.

Infolgedessen liest man in Romanen: »von Arnim kam zur Tür herein und sagte zu von Bismarck …« Und kein Verlagslektor sagt: »Quatsch!« und streicht das Von. Es gibt eine ganz einfache Regel. Wenn man von jemandem spricht oder schreibt, der einen Adelstitel trägt, so wird dieser bei der ersten Erwähnung mit allem Drum und Dran genannt, also zum Beispiel: »Burggraf Nikolaus zu Dohna-Schlodin war Korvettenkapitän ...« Und wenn dann weiter erzählt wird, heißt es einfach: »Dohna wurde nach dem Schiff, das er ab 1915 kommandierte, Möwe-Dohna genannt ...«

Angesprochen wurde Niko Dohna als Graf Dohna. Kein Herr davor, auch der Burggraf ist ebenso wie der Reichsgraf bei den Schönfeldts nichts mehr als eine Erinnerung an die historische Vergangenheit, in der diese Bezeichnungen auf eine Verpflichtung, ein Amt, eine Ehre hingewiesen haben.

In Deutschland ist der Adelstitel seit 1918 nicht mehr mit den manchmal jahrhundertealten Privilegien verbunden, sondern Bestandteil des Namens geworden. Wenn Dohna nicht Marineoffizier, sondern Arzt geworden wäre, hätte er geheißen: Dr. Nikolaus Graf Dohna. Dann hätte man Herr Doktor zu ihm sagen können oder, wenn man gut mit ihm befreundet war: lieber Graf.

Seine Frau bekam immer noch Briefe mit der Anrede aus der Zeit vor 1914: »Hochzuverehrende Frau Gräfin!« und als sie dem Briefschreiber sagte: »Lassen Sie doch das Getue!«, da antwortete jener: »Ich schreib das aber so gern.«

NOCH EINMAL: ZURÜCK ZUM ANFANG

So reicht die Vergangenheit in unsere Gegenwart hinein. So überleben bestimmte Formen, auch wenn sich alles um sie herum geändert hat. Darum ergibt sich: Man muss neu über Anstand und die Formen reden, mit denen wir leben.

Man muss wissen, woher sie kommen, warum sie so geworden und als nützlich für das Zusammenleben betrachtet worden sind. Man muss wissen, dass sich äußere Formen unaufhörlich ändern und dass es an uns liegt, ob und wie wir sie dem Anstand unterordnen.

So ist auch dieses Buch keine Benimmfibel, eher eine Bestandsaufnahme unseres heutigen Benehmens.

Falls Sie beim Lesen manchmal innegehalten und darüber nachgedacht haben, wie Sie mit diesen Dingen umgehen, so haben diese Zeilen ihren Sinn.

PIPER

Sybil Gräfin Schönfeldt

Wenn wir uns mitten im Leben meinen

Gedanken über Leben und Sterben. 288 Seiten. Serie Piper

Der Tod ist im Leben allgegenwärtig. Seit der Geburt sind wir Menschen auf dem Weg zu ihm. Deshalb ist es sinnlos, dieses Thema zu tabuisieren. Sybil Gräfin Schönfeldt, die schon in »Die Jahre, die uns bleiben« das Alter mit großer Klugheit zum Thema gemacht hat, bringt uns dazu, den Tod im Leben ernst zu nehmen, sich mit ihm sinnvoll auseinanderzusetzen. Ist die Tatsache des Todes leichter zu ertragen, wenn wir ihn übersehen? Oder sollten wir ihn nahe an uns heranlassen wie einen altvertrauten Freund? Sehr persönlich zeigt Gräfin Schönfeldt, wie der Tod im Leben wohnt und unser Weggefährte ist. Eingestreute Gedichte verdeutlichen, wie abendländische Lyriker – von Simon Dach bis Robert Gernhardt – vom Tod berührt worden sind und wie er Riten und Regeln hat entstehen lassen, die uns helfen können, Verlust und Trauer besser zu ertragen. In sensibler und einfacher Sprache macht die Autorin klar, wie man das Leben mit dem Tod bestehen kann.

01/1690/01/L

PIPER

Sybil Gräfin Schönfeldt

Kinder brauchen Großmütter

191 Seiten. Serie Piper

Großmütter (und Großväter!) haben bekanntlich alles, was Eltern nicht haben: Zeit, Muße, tröstende Worte, Phantasie und jede Menge Geschichten und Geschenke, die es nicht überall zu kaufen gibt. Kinder brauchen heute mehr denn je die ältere Generation. Sie brauchen auch Menschen, die von einer anderen Zeit und einer anderen Welt erzählen können. Jedes Kind ist begeistert, wenn eine Geschichte mit dem Satz beginnt: »Als dein Papi so klein war wie du …«
Sybil Gräfin Schönfeldt gibt in diesem Buch ein höchst persönliches und lebendiges Plädoyer für die Großeltern. Denn was ein Kind von einer Großmutter und/oder einem Großvater bekommen kann, können niemals die Eltern geben.

01/1380/01/R

Adriano Sack

Manieren 2.0

Stil im digitalen Zeitalter. Mit Illustrationen von Janine Sack. 288 Seiten. Gebunden

Privates und Geschäftliches, Intimes und Öffentliches wird heute per Mobiltelefon und Internet in Echtzeit ausgetauscht. Doch wie sieht es aus, wie fühlt es sich an, dieses digitale Leben? Gibt es noch Höflichkeit, Charme, das Wahren einer gewissen Distanz? Wollen wir uns im digitalen Zeitalter mit der gleichen Anmut bewegen können wie in jedem anderen zuvor? Adriano Sack liefert das Update für eine zeitgemäße Etikette: Auf der einen Seite stehen Flüchtigkeit und neue Regeln für die Kommunikation, auf der anderen Seite der gute alte Brief, das Gespräch unter vier Augen, die markante Handschrift als Zeichen der Distinktion. Denn alles mag sich ändern, immer geht es um Anerkennung und Erfolg, Angeberei und Spaß, Geld und, natürlich, Liebe.

01/1689/01/L